U0006616

日本名女風華錄

謝鵬雄 著

臺灣商務印書館

萬卷書籍，有益人生
——「新萬有文庫」彙編緣起

臺灣商務印書館從二〇〇六年一月起，增加「新萬有文庫」叢書，學哲總策劃，期望經由出版萬卷有益的書籍，來豐富閱讀的人生。

「新萬有文庫」包羅萬象，舉凡文學、國學、經典、歷史、地理、藝術、科技等社會學科與自然學科的研究、譯介，都是叢書蒐羅的對象。作者群也開放給各界學有專長的人士來參與，讓喜歡充實智識、願意享受閱讀樂趣的讀者，有盡量發揮的空間。

家父王雲五先生在上海主持商務印書館編譯所時，曾經規劃出版「萬有文庫」，列入「萬有文庫」出版的圖書數以萬計，至今仍有一些圖書館蒐藏運用。「新萬有文庫」也將秉承「萬有文庫」的精神，將各類好書編入「新萬有文庫」，讓讀者開卷有益，讀來有收穫。

「新萬有文庫」出版以來，已經獲得作者、讀者的支持，我們決定更加努力，讓傳統與現代並翼而翔，讓讀者、作者、與商務印書館共臻圓滿成功。

臺灣商務印書館董事長　王學哲

序——負雅志於高雲

根據日本史書《古事記》及《日本書紀》的記載，最早的日本是由居住在「高天原」的天照大神統治的。天照大神是一位女神，雍容高貴、穩重而剛毅，後世史學家認為這位神祇或是古代希臘「雅典娜」女神的翻版。天照大神有胞弟一人名「建速須佐之男命」，曾為不願受派令而撒野，天照大神一怒拂袖躲入「天岩户」而使全國陷入黑暗。眾神費盡苦心才扳開岩户，使世界重見光明。這段故事在戰前曾收在小學國文課本中，成為家喻户曉的傳說。

近代日本史學家曾努力解讀這段人物（或「神物」）間，眾多的關係錯綜複雜的事件所暗喻的古代氏族或族群間合作及爭鬥的歷史，但迄今眾說紛紜，莫衷一是。比較清楚的是在那個年代裡，除天照大神外有「天宇受売命」女神，美貌善舞，另有許多女神都多才能幹。歸納起來，那應該是以女人為主的母系社會。傳說中的第一位男性人皇「神武天皇」，也仍是傳說中的人物，其生卒年月及生平事蹟均不可考。

西元五九二年，崇峻天皇被逆臣蘇我馬子所殺，崇峻之皇后即位為帝，是為推古天皇。推古封兄子為太子（後世稱「聖德太子」），姑侄協力內拒蘇我，外啟與中國（隋朝）的外交。派「遣隋使」，帶回諸子百家文、佛經、漢字、漢文、漢詩及諸多文物，從此漢字融入和文。又從漢字部首變化出日本的「片假名」及「平假名」，使日本語音有統一確實的文字可以紀錄。又發起「大化革新」，制官職，草律令，正風俗，興文化，歷數十年，由另一女帝「持統天皇」完成，使日本晉入有法律可循的國家。此後女帝代有所出。

西元七九四年，日本遷都京都，文風鼎盛的「平安王朝」從此開始。七十多年奈良時代的文化累積、「遣唐使」的頻繁往來、漢文的大量通行，並被寫入文學作品之中……最重要的是日本史上第一部綜合性和歌集《萬葉集》出版，成為許多人看得到的一部和歌的典範集。這部和歌集的出現激起了文人、詩人、「歌人」（做和歌的人）的創作意願，以及企圖超越前人的意圖。如果以我國漢、晉時代沉鬱蒼古的詩來形容《萬葉集》裡的和歌，那麼平安王朝中期出版的《古今和歌集》應算等於盛唐燦爛華麗的詩的集大成吧。在這個集子裡平安初期至中期，在宮中擔任「女房」（女官）的才女紫式部、清少納言、和泉式部，以及上自皇帝、皇后、首相、大臣，下至庶民、叫化子做的詩，都極盡人情世態，訴盡相思及愛花、賞雪，聞西風而悲的心情、詩情。在這中間，女房們做的和歌特別多，特別感人，原因在她們是在女性詩人中享受看漢文書的特權者。當年不知由於什麼樣的理由，女子是被禁止看漢籍的。但貴族女兒在家和兄弟一起閱讀，無人知道；做了女房後，有皇后、皇妃的庇護，她們讀漢文、漢詩，無人敢奈何她們。後來她們更寫漢文、吟漢詩，影響所及，全國都效尤，禁令已成具文。大和女子常自願為家庭之柱石，相夫教子，但她們在東方國家中最早沐浴文化，參與文學及詩作。而女政治家、女詩人、家庭婦女，乃至藝妓、舞妓、戲子都參與的結果，「使女子在文化、文學創作的版圖中，佔有率高於世界各地」（Harold Bloom 著《*Genius*》）。「在明治維新前的重要文學作品或詩作中，女作者的作品在量與質方面，都與男性作品分庭抗禮。」（竹西良子著《日本文學之歷史》）

大和撫子誠然可愛，她們做皇帝時全力以赴，做女官時拼命護主，談戀愛時為情人犧牲性命，奉獻全部的情，為情人故「親也渺小，道也渺小」（與謝野晶子詩），寫作時如入無人之境（清少納言著《枕草子》）。

本書中所寫幾十位日本才女都是政治、社會、文學、詩歌、戲劇史上的佼佼者，她們誠如陶淵明的〈閑情賦〉中所描述：「淡柔情於俗內，負雅志於高雲。」令人悵望千古而不釋於懷，謹為序。

二〇一〇年歲末　謝鵬雄

目錄

日本的開國女神

日本的開國神話，根據現存的《古事記》及《日本書紀》所記述（兩書合稱《記紀》），羅列了十幾代只有名字而無事蹟的神名之後，從「伊邪那岐神」及「伊邪那美神」這對夫婦神開始才有較詳細的故事。

兩位神似乎像《舊約》中的亞當與夏娃一樣，有一天突然發現男神與女神的身體有所不同，而商量「以有餘補不足」，就生下了日本列島，並陸續生下「泡那美神」（似古希臘的維納斯）、「天之水分神」、「國之水分神」、「大山津見神」等等多位男女神；但在生下「火之迦具土神」時，母親為這個「火神」之火燒傷而死。

失去妻子的「伊邪那岐神」，於是到「黃泉國」去尋找「伊邪那美神」，並見到了她。但男神犯了一個錯誤，就是誤食了黃泉國的食物，於是他成為不能返回陽世的男神。女神大驚，表示她將去求見「大神」向他求情，並叮嚀男神就在原地等候，不可到處亂看。男神久候不見妻子回來，忍不住走進裡面，卻看到女神腐爛的屍體。此時女神大怒，率冥府兵團來追男神，男神將身上所有竹筍及桃子投向兵團，趁其搶食，僅以身免。

「伊邪那岐神」回來之後，獨自生下「三貴子」：第一個，於洗左眼時生下「天照大神」，即命她統治「高天原」；第二個，於洗右眼時生下「月讀命」，即命他統治「夜食國」；第三個，於洗鼻時生下「建速須左之男命」，則命他統治「根之堅州國」。這個安排是封女兒「天照大神」為太陽神，封長子「月讀命」為月神，而封次子「建速須左之男命」為山河海之神。充分表示在「神代」時代，日本已是女系社會了。

天照大神

天照大神統治的「高天原」，到底在今日日本列島的哪一個地方？有的說在九州，有的說在關西或出雲，眾說紛紜，莫衷一是。總之，那也是神話的一部分，意思是日本的精華區吧。受封為「建速須佐之男命」的次子卻不肯赴任，吵著要見母親，為父神所放逐。男命於是來到高天原向大姐天照大神辭行，但他心有不甘，舉動粗暴，將坐馬剝皮擲入神殿。為此天照大神大怒，隱入「天之岩户」。大神既隱，世界陷於黑暗，眾神驚慌，便設計在「岩户」外舞蹈嬉笑，由美神「天宇受亮命」帶頭裸露上身群舞。大神在岩户內聽外面有嬉笑聲，打開岩户向外望時，另一力神費勁將岩户扳開，請大神步出。於是天地恢復光明，男神也抱愧離去。

關於天照大神之性格端莊，行止莊嚴，兼具靈力的造型，後世有人認為是古希臘神話中「雅典娜」（Athena）的翻版。也有人認為那是中國《魏書・倭人傳》中的女王「卑彌呼」的神話版。按〈倭人傳〉中說：「……倭國亂，相攻伐，歷年乃共立一女子為王，名曰卑彌呼。事鬼道，能惑眾，年已長無夫婿，自為王以來少有見者。以婢千人自侍。唯有男子（亦説胞弟）一人給飲食，傳辭，出入居處……。」卑彌呼之説合乎古代以巫女兼任宗教首領及政治長官的習俗。

辭別大姐的「建速須佐之男命」來到出雲地方，變身為有抱負的男神，為了救土地神「足名椎」之女兒「櫛名田比賣」被充作祭品供給大蛇吞噬，毅然單身挑戰八頭蛇「八俣遠呂智」，先用計以八桶酒將蛇灌醉，然後將其屠殺，也算為民除害，且於蛇尾中獲得寶劍「草薙劍」。此劍後來與「八咫鏡」及「八坂瓊玉」一起，成為日本傳國寶「三種神器」。

「建速須佐之男命」於是娶「櫛名田比賣」為妻，定居出雲須賀地方，為妻子營宅屋，並吟詩：「八雲湧，出雲八重垣，為妻營造八重垣，八重垣。」「櫛名田比賣」亦拼音為「奇稻田姬」，定居以後獎勵農業，稻米豐收，評者或認為這段神話酷似漢高祖斬白蛇起義的典故，以上神話俗稱「出雲神話」。這後面還有一段「日向神話」，開國神祇才能落實到第一位「人皇」——神武天皇。

日向神話

日向神話敘述天神的子孫取道「天之浮橋」來到地上後，三代之間所發生的事情，這個故事稱為「天孫降臨」。根據《日本書紀》（以漢文撰寫）及《古事記》（以和文撰寫）的記載，降臨的地點是九州的「高千穗」，降臨的皇孫名「番能邇邇藝命」。他派美女神「天鈿女」去說服阻路的猿田彥神（大約是一隻巨猿）帶路，天鈿女裸露上身，魅惑猿神，三言兩語就將其降服。

天孫到處尋找肥沃的土地時，遇美姝「石長姬」，乃拜訪其父請求婚配。其父大喜，將石長姬及乃姐「岩長姬」一起嫁與天孫。但天孫只留下石長姬，而將較醜的岩長姬送還給岳父。岳父大為失望，對天孫說：「我幼女石長命當多生子嗣，必會像你的子孫綿延不息；但長女有保護家族健康的神力，汝今將之遣還，眼看子孫將不壽矣。」後來歷代天皇壽命皆不長，《記紀》認為是岩長姬詛咒的結果。

天孫之後三代而有「鸕茸草茸不合命」娶姑母「玉依昆壳命」而生四子，其幼子「神倭伊波禮彥命」即為第一代人皇「神武天皇」。

神話的起源

神話，因為說的都是太古以前的事情，許多讀者難免以為神話都是太古時候就已存在或寫好的。事實並非如此，地球上大多數民族的神話，都是在人類已有編寫故事的能力之後才逐漸形成的。所以各民族或各國的神話，多半發生於中古，而定型於中古以後，這中間有些原因。

第一，神話有一大部分是歷史事實的投影，有時也依照帝王及歷史上的偉人、英雄，去回塑（造）神話人物。這必須在歷史已經進入由帝王統治，或由英雄人物領導的狀態才可能誕生。而所謂「太古神話」的「太古」，是由後世的人設定的。

第二，神話的事蹟及人物，常常是「官方」製造的。歷史上出現一個專制皇帝，就能命一群文人去撰寫一連串神話，做為這個或這系列帝王的祖先背景。而且凡是不利於這樣的宗旨的比較富於想像力的神話，在這時期常遭刪除，世界上最未經刪除而有趣的神話是希臘神話。因為希臘在西元前一千年時，就誕生了像荷馬這樣偉大的史詩詩人，大量使用當時既有的神話人物，寫成史詩，流傳千古。所以希臘的神話有趣，富於想像，神祇多，事蹟多，可敬的、可歌的、可悲的事蹟流傳下來；可笑、可鄙，乃至荒唐的事蹟也流傳下來。乃因，這些神話還未來得及刪除，就透過史詩及古希臘悲劇作家之筆傳播出去了。

第三，神話人物的名字通常顯得很「古色古香」。以日本神話而言，如「伊邪那岐神」、「番能邇邇藝命」，確是使用日本上古時代所使用的「萬葉假名」。所謂「萬葉假名」是以漢字的讀音作為日本話的音標，未標示日本話。這種名字，中世以後的日本人若無「片假名」注音，是沒人唸得出來的，由於太古色古香，人們很容易相信那是遠古的人物及事蹟。然而，這樣的名字，這樣的故事，其實若非到了政權集中鞏固，官吏已經相當有學問的時代，如何「設計」得出來？這話，可以用在世界上許多民族及國家的神話上。而日本，從西元一千多年以後，就出現許多女皇帝，後來又以紫式部、清少納言、和泉式部、小野小町等人為首，締造了文學盛世，其神話中的開國神「天照大神」是一位女神，也就可以瞭解它為何抄襲一些希臘神話卻不像希臘神話那樣以男神「宙斯」為主神，也不學男神「玉皇大帝」主管天界了。

在人類文化的黎明期，女巫、神女、女神、女酋長、女皇帝及女詩人的傳說交織發展，到了君權統一的年代，經過整個增刪，有時作有目的的運用，成為神話。其內容思想、趣味性及真偽，意識型態上錯綜複雜，成為人類學及史學上相當難解的學問。另一方面在這些傳說中出現的女性，常常神祕、高貴、熱情、豔麗、慈悲，令人心嚮往之。因此後世詩歌、小說也就多方取材自這些傳說，以增加其可看性，說來這些傳說人物對後世的影響也是很深遠的。

日本現代的史學家稱天照大神、卑彌呼及神功皇后為開國「三巫女」。神功皇后相傳為第十四代天皇仲哀天皇之皇后，曾向丈夫傳達神諭，命他攻打西方取回金銀珍寶，但天皇不信，卻因此死去；於是神功皇后帶領軍隊，西進攻擊新羅，征服了朝鮮人云云。《日本書紀》裡有此記載，但史家多認為是為了誇耀日本國力而有此記載。日本的歷史在這時候，尚在傳說階段，只在與「外國」（即中國及朝鮮）的接觸中留下一些紀錄，須等到西元後五百多年第一位女皇帝即位前後才會有信史。

女帝

日本歷史上曾有十「代」（任）八位女帝。所以十代而只有八人，乃因其中有兩位——皇極天皇及孝謙天皇退位後又「重祚」（再度踐位）一次。這十代女帝依時代先後序為推古、皇極、齊明（皇極重祚）、持統、元明、元正、孝謙、稱德（孝謙重祚）、明正、後櫻町；其中元明、元正及後櫻町是因為皇子年少，只好由母后暫時接任；另明正帝則因父皇後水尾天皇，因賜紫衣給高僧，卻為幕府所奪，憤而退位，她只好暫繼皇統，十五年後讓位給胞弟「後光明」天皇。

較有實際意義的女帝大約只有三任，即推古、齊明、持統。所有女帝都是皇女或皇女而兼皇后者，日本人稱他們的天皇「萬世一系」，事實上他們的皇統似乎一直維持在皇族血統之內。

推古天皇（五五四～六二八）

日本第三十三代天皇推古天皇，原名「額田部」，亦稱「豐御食炊屋姫命」，是欽明天皇之第三皇女，母親為權臣蘇我稻目之妹。她嫁異母兄敏達天皇為皇后後，隔代的崇峻天皇為當時掌握大權的大臣蘇我馬子所毒殺。馬子為安撫當時朝廷內外不安的局面，蓄意立女性為帝，是為推古天皇。開始時推古天皇雖居帝位，只主持祭祀等方面的事務，另立「廏户皇子」為皇太子兼攝政，是為「聖德太子」。聖德太子與姑母推古帝都是權臣蘇我馬子所擁立，是以執政初期都不敢違逆馬子的意思。事實上在這時期，聖德太子能照自己的意思施行的政策很少，但太子有心提升皇帝權力，改造社會的風俗，他在姑母默許下，一步一步進行他的計畫。他首先參考中國（隋朝）及三韓的制度訂定「冠位」（官階）為十二冠品，每冠皆以所戴之冠（帽）的形式為識別，這十二階是：大德、小德、大仁、小仁、大禮、小禮、大信、小信、大義、小義、大智及小智；不久，又頒布憲法十七條，並與馬子共謀派「遣隋使」到中國，學習漢字、漢文、漢文學、文物、制度，並召集學者撰寫國史。這部國史可惜在蘇我一族受誅時燒失，僅剩片斷，後來由參與的學者子孫憑記憶抄錄下來。太子又篤信佛教，廣建寺院（如大阪的四天王寺、大和的法隆寺等），邀集僧侶抄譯經文，彫刻佛像，使日本的美術及建築術晉入另一境界。其所建「金堂」後來成為日本國寶，在昭和年間與太子像一起印在日幣一萬元券的面背上。太子與隋朝進行平等國交，曾在來往國書上寫「日出國之天子致書於日歿國之天子，無恙乎……」云云，迄今日本史冊津津樂道。

聖德太子是日本史上真正存在而事蹟可考的大政治家。但這位大政治家之在權臣虎視眈眈下能做出那麼多事情來，若非姑母推古帝的信任及保護是不可能的。推古是標準的日本女性，堅毅而謹慎，有智慧而才不外露。推古三十二年十月，蘇我馬子恃其外甥女是皇帝，要求皇室領地葛城縣為其私有地。推古十分為難，耐著性子向舅父分析得失，告訴他奪取皇家土地對於皇帝及大臣都是聲望的損失，終使馬子知難而退。她一方面不得罪馬子，另一方面維護皇室的尊嚴，也使太子能發揮所長。但她見太子與馬子都太熱心於佛教，難免疏遠並忽略了日本固有的神祇，故意常常在宮中行祀神之典，藉以提醒神祇才是國本。

皇極天皇（五九四～六六一）

舒明天皇駕崩後，當時大權在握的蘇我蝦夷（馬子之子），排開皇太子及舒明之子的相爭，擁立了舒明天皇之皇后為皇極天皇。此時蝦夷固然跋扈，其子入鹿尤其目無君王，橫暴異常，他為築自己父子的墳墓，動用公家資財，徵召百姓服役，使生靈塗炭，天下不寧。此時皇太子中大兄皇子暗中與大臣「中臣鎌足」密謀除去入鹿，以安朝廷。先是，鎌足見入鹿之目無君上，蓄意除之而苦無機會。一日，皇太子在踢球之際脱落了靴子，鎌足見之拾而下跪奉上，皇太子竟也下跪而以雙手接靴。鎌足見太子禮遇臣下，知有可為，漸次接近太子，並將除去蘇我入鹿之計請示。於是擇定於皇極四年（六四五）六月，三韓來使呈獻貢物之時舉事，於宣讀表文之際，出伏兵刺死入鹿。

蘇我氏自推古天皇時代便已權傾朝野，歷四世一百年而受誅，是當時朝廷的大事，蘇我氏亡後，皇帝始得真正成為權力中心，成就後來的「大化革新」。這事件皇極天皇事先並未預聞，但卻為示負責而退位，由其弟「輕皇子」繼位為孝德天皇。發動政變的皇太子「中大兄皇子」則為專心實行政治改革，並未考慮做皇帝。相對地，當上皇帝的孝德天皇眼看改革事務都不經過他的管道，鬱鬱而終，在位九年而已。並由皇極重祚為帝，史稱齊明天皇，是皇位重祚之始。

齊明天皇再度為帝之後，不甘只做司祭祀的皇帝，在位七年之間，大興土木營建宮殿，並為征伐百濟親蒞九州督師，又自行帶軍率同皇太子「中大兄皇子」、其弟「大海人皇子」及其妃「鸕野皇女」（中大兄皇子之女，後為持統天皇）西征肅清地方，最後死於征途上。她以古代的「神功皇后」自居，好大喜功，為營建宮殿，挖巨溝，以兩百艘船運搬木材，竭盡民力，耗費資財，一宮未成又計畫營造另一「吉野宮」，可以說是虛榮與浪費癖兼具的女性。後世傳說她的死是因為下令砍伐「朝倉」社樹，觸怒神靈之故。

持統天皇

持統女帝是第一位能真正行使皇權，為國建立制度的女帝。《日本書紀》稱讚她：「天皇，深沉而大度。」（按：此語出自中國《後漢書・伏皇后紀》）又說她雖為女性，但「好禮節儉，而有母儀之德」（這一句則錄自《後漢書・郭皇后紀》）。

持統天皇幼名鸕野皇女，是「中大兄皇子」的第二個女兒；她有一個同母姊大田皇女，另有兩個異母妹及一個異母弟大友皇子；這些兄弟姐妹在日後的皇位競爭中，都成為她的阻力或助力。

中大兄皇子在皇極、齊明皇帝在位期間，曾與中臣鎌足合謀誅權臣蘇我入鹿，推動大化革新，使日本的國威遠達朝鮮半島，並將日本帶入「律令國家」的初期，是一位有謀略、有魄力的皇子。後來他即位為天智天皇，也曾為日本奠定京都，開墾產業，他的同母弟「大海人皇子」一直是他的左右手。但由於後世無法考據的原因，中大兄皇子即帝位後，將一位「額田女王」納入後宮。額田女王原是大海人皇子的情人，且已與其生了一個女兒。中大兄皇子將這樣的女人納入後宮，雖原因不明，但這個三角關係一直持續到天智天皇去世後才告結束。這中間留下了三個人互相唱和的和歌、情歌，大大地豐富了日本史上第一部和歌集《萬葉集》（詳見後篇〈額田女王〉）。不知是否為了彌補這件事情的缺憾，天智天皇將他四個女兒都嫁給了大海人皇子。叔父娶侄女在當時的日本並非沒有先例，但將四姊妹嫁給叔父，令人懷疑這中間到底有什麼用意？一說以為鎌足去世後，天智與大海人中間失去調停人，兄弟關係惡化，天智又封其皇子大友皇子為太政大臣，使大海人覺得他這皇位繼承人的位置備受威脅。四姊妹先後下嫁，應是緩和局面的策略之一吧。

但天智去世後，大友皇子繼位，大海人立即連夜逃離京城，然後領軍回來爭位，這場悲劇終未能避免。而鸕野皇女，此時已嫁大海人多年，她站在丈夫這邊而反對父親及異母弟的立場，並且堅持立場，一直活到丈夫即位。大海人死後，自己即位為帝，最後還自封太上皇，繼續控制國政。

計日本史上最早的三位女帝，第一位推古終生未脱離「天照大神」巫女的意味，其維護日本神祇、信任聖德太子，則不愧人君的氣度。第二位齊明是較女性化，也具備了女性的一般性弱點，幸當時有中大兄皇子及中臣鎌足全力支持誅殺蘇我入鹿，使她得以安然在位。第三位持統是真正力行君主事務，負起帝王責任的女帝，其對日本皇權及國家安定的貢獻，無可爭議。

剛毅有為的持統女帝

鸕野皇女奉父命嫁給叔父大海人皇子（後來的天武天皇）時，年僅十三歲，其叔父年二十七歲。此時大海人身邊已有大田皇女（鸕野同母姊）、新田部皇女（異母妹），另才貌冠絕皇族的額田女王，此時與大海人之間生有一女。研究這段歷史的史家，有的認為鸕野嫁入這個已經有許多妃子圍繞著「皇太弟」的宮中時，畢竟年少無知，不知前途之難為。但也另有史家認為，她少年老成，腹中已有機謀，所以不動聲色地走進這個複雜的環境。

天智十年（六七一）十月，天智天皇病危，派安麻侶密召大海人，安麻侶一向與大海人交好，私告大海人「說話小心」。大海人見兄皇，天智表示願意以皇位相讓，但大海人自知身處危境力辭繼位，即日穿上僧服，將宮中兵器悉數繳庫，翌日，只帶幾個隨從遠走吉野。這時許多妃子中只鸕野相隨，因為只有她是「正妃」，也只有她完全站在丈夫這邊而非存心觀望。大海人在山路上吟詩：「吉野耳我嶺，降雪又下雨，雨雪無停時，我心如冰雪……。」

同年十二月三日，天智天皇駕崩，其長子大友皇子主持「近江朝廷」，發兵阻斷大海人運搬糧食的道路。於是大海人在吉野號召三大豪族起兵攻近江，結果逼死了大友皇子，即位為天武天皇，鸕野皇女正式成為皇后。這次政爭在史籍上稱為「壬申之亂」。

天武天皇治世十五年之間，推動前代「大化革新」的政治，使日本真正成為「律令國家」（有法律的國家）。這時良相中臣鎌足（後改姓為藤原鎌足）已經去世，天武失去了左右手，其功能似乎由才識慧敏的皇后代替，皇后此時開始，事實上已經和英明的丈夫共同治理國家了。

鸕野皇女出生於大化元年（六四五），與同母姊大田皇女先後嫁給大海人皇子。大田先生了「大津皇子」，與鸕野所生的草壁皇子後來為繼承皇位的問題，引發兇險的鬥爭。這個結果是天智天皇將四個女兒嫁給胞弟，希望胞弟因此感恩把皇位繼承權讓給這四個女兒的兄弟大友皇子時沒有想到的。天智與天武兩任皇帝都是日本史上的英主，他們在政治上兄終弟及，完成了大化革新，也樹立了以天皇領導的朝廷制度。後世的史家有意為重視這對兄弟政治上的建樹，而不追究其繼承時的兵戎相見，也故意將兄弟爭奪一個「額田女王」的過程，寫成浪漫的愛情故事。值得注意的是從這個時代開始，君主神格化的運動已經成功，大臣、文人紛紛以和歌歌頌天皇是神，至此天皇從祭祀神祇的女巫或男巫兼酋長，成為神祇本身。大伴御行作的歌：「大君如神兮，以赤駒之原田井為都。」是歌頌天武天皇的；柿本人麻呂所作：「大君如神兮，應居天雲雷神上。」是歌頌持統天皇的；另天武天皇的謚號為「天淳中原瀛真人天皇」，意思是統治中原及大海的真人。真人，是中國道教中成仙的真人。

皇親政治

天武天皇十五年的治世中，不曾從貴族官僚中任命過一位大臣，他以皇族成員為大臣，推行皇親政治，而皇親的第一人就是皇后。《日本書紀》記錄：「立后之後常相左右，建言、輔政，多所襄助……。」天武天皇從吉野領軍打入近江爭奪皇位，即位之後，甚少離開京城，因為局面尚未底定，不敢外出。但只有一次率皇后及草壁皇子、大津皇子等六位皇子到吉野去「開會」。會中下詔給大皇子曰：「千載以後，不可有事。」不可有事的意思就是不可再發生「壬申之亂」，那為爭皇位而流血的事件，這次旅行開會盟約顯然是皇后策畫的。所以盟約之後兩年，草壁皇子就封為皇太子，而長男大津皇子謹記「不可有事」之詔，沒有異言。「朱鳥」元年（六八六），天武天皇下詔：「天下事不問大小，均先奏皇后及皇太子。」至此皇后參與問政的局面正式化了。同年九月九日，天武天皇崩，皇后未經群臣推戴，以「天武帝遺詔」，逕自「稱制」，為實質上的皇帝，當時其子草壁太子已二十五歲。但皇后心中另有所思，在喪儀中指責大津皇子有謀反之嫌，逮捕之，處死，大津妃山邊皇女殉夫自殺。此時大津之母早已去世，其同母姊大伯皇女賦詩哀悼，隨後遠走。

從女帝到太上皇

天武天皇的喪儀，在百官依次呈獻「誄」（歌頌死者生前德行）的過程中，延續了兩年三個月，可說是史上費日最多的喪儀，這一切當然是皇后的安排。因為百官呈獻的表面是「誄」，文字中卻暗藏對皇后及太子服從的誓詞。

持統稱制三年，草壁太子以若年二十八歲而去世，四十五歲的持統將希望放在孫子「輕皇子」，並於翌年正式稱帝，是為持統天皇。她先「稱制」而不即帝位是有原因的，因為稱制時她感覺群臣及其他妃子都尚未心悅誠服。三年後，她即帝位時，大臣奉上大盾，中臣大島誦天神壽詞，另一大臣奉上神璽、劍及銅鏡，把神話中天照大神擁有的寶物都奉上了，其即位儀式的規格，可謂空前隆重。這不只是排場而已，智慧高人一等的女帝深知不成為專制君主，不能行專斷的政治。為此，她優遇柿本人麻呂等詩人，讓他們常常歌詠神統之高貴及帝王之尊嚴。她在位七年之間，遷都藤原宮，訂官位太政大臣、左大臣、右大臣及「大納言」等，使其分層負責，依照「大寶律令」的精神，各司其職執行朝廷的重要職務。持統四年七月，大政大臣高市皇子病歿，持統命大臣們「廷議」嗣位問題。會議中間弓削皇子頗有異議，但已先承意的葛野王說了一句：「子孫相繼踐天位，乃神代以來的故事。」眾議遂決，由輕皇子嗣位。持統完成了「大寶律令」的體制，也完成了最艱難的全國户籍調查後，於持統十一年（六九七）傳位皇太孫輕皇子（文武天皇）後，而自居太上皇，繼續問政。這是日本史上有太上皇之第一例。

坐上太上皇位置的持統，自大寶元年（七〇一）起，連續到吉野、紀伊、伊賀、三河等地出巡數次，好像要親自確認自己治世下各地人民是否安居樂業。也曾對朝鮮新羅來貢的使節團詰問為何只派了一艘船來？蓋此時持統已視新羅為「屬國」，後世史書評持統此時已有「日本版的中華思想」。

大寶二十年十二月二十二日，女上皇駕崩，享年五十八歲，喪儀長達一年，與天武天皇合葬。其死早唐武則天三年，然其強韌的意志與政治的手段可能與之伯仲之間。

一般人總以為日本女性温婉而柔弱，事事聽命於男人。但法國史學家雅伯・史倫認為，日本許多女性天生擅長以柔克剛的技巧，平時能很自然地做出温柔哀怨的姿態，但必要時顯現出的剛毅，超越男人。日本的女帝王、女政治家（如北條政子）、女文學家（如與謝野晶子）、女散文家（如清少納言）之作為及作品，在在顯示出這種特色。而持統女帝在性格及作為上，應可稱為日本史上第一個剛毅有為的帝王。

額田女王

額田女王據傳是鏡王之女，也說是崇峻天皇的後代，一說她曾擔任「齋院」（祭祀神祇的皇女，也稱齋王）。她是皇族成員，其一生得到中大兄皇子（後來的天智天皇）及大海人皇子（後來的天武天皇）兩兄弟的寵愛，而且與大海人生了一個女兒十市皇女。就她這樣的際遇而言，她若對政治有興趣，或對權力有執著，好好營運，雖未必躋身女帝之列，但在朝廷權力角逐之間，呼風喚雨是可以做到的。她沒有這樣做，因為她天生是另一種人：她感性、浪漫、美麗、多才，而且是那個時代少有的自由人——自由戀愛主義者。

正因是人妻

額田女王生年不詳，她先和大海人皇子相愛，生了一個女兒，後來中大兄皇子受封位皇太子，册她為妃，她並未拒絕。中大兄皇子是英明、果斷、有魄力的皇子，她並不討厭他，她很自然地離開謹慎而比較內向的大海人皇子，只是心中有些傷感吧。也因當時的日本男女，尤其是皇族之間的男女關係，尚無嚴格的倫理約束，中大兄皇子奪了胞弟情婦之後，還賦詩〈三山之歌〉（收在《萬葉集・雅歌》一卷中），詩曰：「香具山愛上畝傍山，為此與耳梨山相爭，自古如此。今世亦有爭妻人。」假託兩座男山爭奪一座女山的神話故事，為自己解嘲。表面上「楊花水性」，內心裡追求愛情的額田女王，成為皇太子的嬪妃之後，屬於什麼地位，後世無考。但她一直讀書學詩，不但為自己寫和歌，也替前後兩代天皇（天智及天武）代筆。這些歌雖然都以天皇名義發表，但後世考證，兩位天皇雖然也詩才很高，但自己作的，和額田代作的，仍然看得出其間高低之差，情感傾向之差，以及使用文字習慣之差。額田王女的歌奔放暢麗，似乎是別人所不能及的；試看她跟隨天智天皇到「蒲生野」遊獵時，與隨行的大海人皇子悄悄唱和的歌。這首歌的寫作背景是有些曲折的；她原是大海人的情人，且和他生了女兒，後來帶著女兒歸於中大兄皇子，如今中大兄已即位為天智天皇，狩獵時帶著她和大海人同行，當時還有許多人就在午陽照射下長滿紫色花草的原野上，大海人遥遥望見過去的情人額田女王站在紫色花海中，於是他忘了平日的謹慎，大膽地向她招手。額田看見了，做了一首和歌，命從人帶過去交給大海人。歌曰：「日

正午，紫野行，標野上，君揮手，不顧守吏見。」（按：「標野」為皇族私有獵場）

大海人得歌，也唱和一首回贈，歌曰：「香溢紫草地，吾姝殊可恨，正因是人妻，吾心戀不已。」

「正因是人妻」，所以愈加思念，這話是把心中的祕密、心思的機微都說出來了，大膽、深刻、深沉，是千古絕唱。至於額田那句「不顧守吏見」，好像是責怪，好像是嬌嗔，好像是表示欣賞他冒了被人發覺的危險向她揮手；輕輕一句，道盡才女的心思。

額田女王是少數在古代的日本社會裡，能比較自由地、開朗地談戀愛，而且和許多男子談戀愛的女人。她有洗鍊的感情，能從容地愛、大方地愛，不像當時大多數女子那樣，戀愛時一味以詩訴說悲情或怨嘆男人的薄倖。

《萬葉集》中的唱和

就日本第一部和歌集《萬葉集》中，收錄的約三十首額田女王所作長歌及短歌的內容觀察之，額田女王一生中幾乎都在戀愛。她與大海人生了女兒後，又成為中大兄之妃子，與中大兄一起生活了十幾年，曾有歌頌〈我的大王〉的長歌，但似乎沒有寫給丈夫的情歌：唯一的一首被收錄在「相聞歌」類（問候的歌）是：「候君不見君，窗簾偶然動，原是秋風吹。」評者認為這首歌太冷清，感覺不到熱情。但她其他的歌卻大膽而爽朗，在吉野宮時曾有弓削皇子者贈歌與她：「莫非鳥亦慕古人，弓弦葉上鳴不已。」額田唱和曰：「慕古鳥是杜鵑鳥，長鳴當是長相思。」此歌中「慕古人」據註解，是戀慕已作古的天武天皇。就是皇子問額田：「天武帝已作古了你還唏噓不已，是尚想念他嗎？」而額田回答：「我如杜鵑鳥一樣仍然為古人泣血。」

但弓削皇子仍然又贈歌給額田，這歌是寫在紙上，將信紙綁在松枝上送過去的，額田於是又寫「返歌」：「吉野松枝誠可愛，攜帶君書行遠路。」她既承認想念天武，又說松枝可愛，中間毫無靦腆之色，落落大方，好像是十分自然的樣子。除了當時的男女風俗，本不忌諱之外，也因額田的性格爽朗大方。從這個年代往下走三百年，到了平安期，眾才女競寫小說、詩歌時，如《源氏物語》及各種和歌集中就出現相當程度，將戀愛想成罪惡，及慨嘆人世無常的思想，這當然也和佛教傳入日本有關。

鏡王女：「那堪風不來」

額田女王有一個同母姐，也早些時候已嫁了中大兄皇子，這位姐（或說是異母妹）自嫁皇子以後，一直到皇子即位為天智天皇，都似乎未得寵，這可以從她和胞妹間的唱和看出來。額田曾有歌：「候君不見君，窗簾偶然動，原是秋風吹。」這位姐姐（名鏡瑜）附和一首曰：「風吹原徒然，那堪風不來，有何可嘆息。」意思是：「你還因風吹簾動而以為他來了，有人可等真好啊。我這裡風吹不吹都一樣，反正沒有什麼可嘆息的了。」一說認為這種借「風」說心思，事實上是模仿中國宋玉的〈秋賦〉。在某種程度上雖然說得萬般哀怨，但當時的宮廷中女人愛用這種詩歌對話，說得認真，其實也是一種詩歌遊戲，也算一種「風涼話」吧。

儘管鏡王女說得淒切，天智天皇在幾年後，還是將她賜給寵臣藤原鎌足。鎌足原名中臣鎌足，後因協助天智天皇誅殺蘇我入鹿，完成大化革新，成為股肱之臣、封內大臣。天智為了酬賞其功勞，也為了讓他以後仍感恩圖報，將自己的妃子鏡王女「賜嫁」給他。還有一說，賜嫁是等於送了一個「人質」，表示以後絕不會辜負其忠勤；也可能是送進一個耳目，監視其動靜。日本歷史上曾有一段長時期裡，上司、皇帝、大將軍等人，能將自己的妻妾「賜」給下屬，下屬也受之而認為無比的光耀。但也有很懂事的下屬，受了之後將那女人安置在別院別室，不敢親近她，以示對曾經是上司妻妾的女人的尊敬；上司得知此事之後，也頗為嘉許那下屬。這是人類歷史上很令人思量的風俗。

據記載，天智天皇還另外賜給鎌足一個「采女」安見兒。所謂「采女」是各郡獻給皇帝的美女，貢獻的意義是向皇帝宣誓效忠，因此必須是絕世美女，獻上來才表示其效忠之誠。天智將一采女賜給鎌足，其意義也是非同小可的。

藤原家族，自藤原鎌足（六一四～六六九）建了大功，接受了帝妃為妻，之後，官運亨通，長子隨遣唐使赴唐留學成為博學之僧（後於二十三歲意外死亡）。次子不比等則從中納言做到大納言，且受封為「大寶律令」之編修副總裁，與總裁刑部皇子平起平坐。孫女宮子嫁文武天皇為夫人，生「首皇子」。從此藤原家成為天皇的外戚，一直到平安朝，維持了近四百多年的權勢。這中間有一個女人扮演關鍵性的地位，就是藤原不比等的繼室「縣犬養三千代」（前三字為姓，後三字為名）。

但不比等到底是何等人？日本的史書《四鏡》中的《大鏡》裡有一個故事；說中大兄皇子曾將已懷妊的妃子送給鎌足，約定妃子生女歸皇子，生男歸鎌足。後來生男，就是不比等。此事真偽難辨，但看不比等後來的榮達，似乎若是皇胤也說得過去。另一說認為是不比等的哥哥，留學唐土的定思（俗名真人）才是皇胤。否則當時鎌足尚只有一子，怎會捨得才十一歲的獨子，就讓他到國外去學習佛教為僧，這中間必有苦衷云，這是千古疑案。但因藤原氏在日本史上執百僚之牛耳數百年，有這些傳說也是可以理解的。

光明皇后之母

——橘三千代

橘三千代的全名是「縣犬養橘宿禰三千代」，這麼長的名字，通常代表一連串尊貴的家世。首先，「縣」是官田的意思，姓名前頂著這個字，表示這家族是領受官田的貴族；「犬養」是娘家姓；「橘」是天皇所賜的姓；「宿禰」是「近臣」的意思；「橘宿禰」三個字是天皇用來稱呼她的；「三千代」是父母命名的名字。

三千代是縣犬養東人之女，大約出生於齊明四年或五年（六五三～七三三）。她若年入宮為女官，歷仕天武、持統、文武、元明、元正、聖武六朝天皇，出入宮廷，襄理內外諸事，深得人心，亦為天皇所信任。因此元明女帝賜她姓橘，且送嘉言：「橘者植物之長，枝葉凌霜，光競珠玉，旁金銀而愈美，以此賜姓橘宿禰……」云。

三千代原來嫁了皇族（敏達天皇之曾孫）美努王，生了兩子一女。兩子為葛城王、佐為王，女為牟漏女王。但三千代結婚生子後仍擔任女官，先是擔任草壁皇子的兒子「輕皇子」的奶媽，後來草壁皇子死後，持統天皇堅持要等待輕皇子長成後繼位，仍命三千代照顧輕皇子。就在擔當這重任的時候，三千代與當時最有權力的藤原不比等，認識而接近。這對分別掌握後宮及宮廷權力的男女，很自然地進入合作關係，終於結為夫婦。三千代的丈夫美努王，眼看妻子要離去，自知無能為力，很知趣地離了婚。

藤、橘兩大姓之形成

藤原不比等，是藤原氏第一代中臣謙足之子。謙足因協助天智天皇誅殺權臣蘇我入鹿，完成了大化革新而賜姓藤原，封右大臣。不比等繼承父職，但他不只是靠先人餘蔭做官的人。他個性持重，雖居要職而聲氣謙和，故他與三千代結婚的事件，就過程言，是奪別人之妻，但兩人之志同道合顯得那麼自然，宮裡外的女官、執事，亦都樂見他們成為夫婦。這樣的氣氛在日本史上是獨一無二的事，可見兩人做人做事之圓融了。後來她和美努王所生的兩個兒子長大後，也表示不願跟著父親做無權力的皇族，寧願繼承母姓「橘」，追求實際的生涯，是為橘諸兄及橘佐為。另一方面，三千代與不比等於大寶元年（七〇一）誕生女兒「安宿媛」，是為後來的「光明皇后」。日本中世以前的「四大姓」：平、源、藤、橘中的二姓就在這時期形成。

西元六九七年，三千代做保姆帶大的輕皇子即位為文武天皇。不比等將自己與另一妻子所生的女兒宮子，送進宮為「夫人」。當時的後宮，規定皇后一人、妃二人、夫人三人、嬪四人。妃由皇女選出，夫人由貴族選出，嬪選自地方豪族之女。不比等之女只能做夫人，但文武天皇為尊重不比等之功勳，終生未曾立后，可見不比等當時權勢之盛了。宮子入宮後於大寶元年生了皇子「首」。同年，三千代誕生了安宿媛，她以養育輕皇子的經驗，將安宿媛調教成讀書識字，能文能詩，風度優雅，氣質華貴的淑女。其實此時三十多歲的三千代本人就是品味高雅，待人謙和，在后妃公主之間能談笑風生，得人好感，極洗鍊的女官。她和丈夫不比等的配合真是天衣無縫，一裡一外，一步一步地鞏固藤原及橘氏家族的聲望與地位。

太子的奶媽

皇子首七歲時，文武天皇以青壯之年駕崩。於是文武天皇之母阿閉皇女在不比等的支持下，踐位為元明天皇。元明天皇基於輩分的理由，又傳位於冰高皇女，是為元正天皇，但傳位前即將首皇子立為太子。冰高皇女史稱「沈靜婉孌」，做了兩年，很識相地傳位給首皇子，是為聖武天皇。至此，三千代將安宿媛嫁入宮中為夫人，此時距離册立皇后還有一些障礙。

養老四年（七二〇），藤原不比等先元明天皇去世，享年六十二歲。翌年五月，元明天皇病重，三千代依照未亡人出家為尼的習俗落髮唸佛，但她成為藤原及橘氏兩大家族輩分最高的人，實質上也必須擔負兩大家族繼續掌權的任務。

神龜元年（七二四），皇太子即位為帝，此時高市皇子之子「長屋王」升任為左大臣。此人學識豐富，能詩能文，又是皇族後裔，隱然是對抗藤原一族的勢力。此時新皇即位，竟下詔要稱藤原夫人（父皇文武天皇之夫人）為「大夫人」。長屋王首倡異議：「皇后喪夫為皇太后，夫人喪夫為皇太夫人，未聞有大夫人這等稱呼。」聖武天皇不敢堅持稱生母為「大夫人」，只好改為「大御祖」，三千代立即感覺到藤原家族受到威脅。

但不久光明子生了皇子，藤原一族以為勝券在握了；不期皇子滿月就死去，而宮中有別的夫人生了皇子；號稱「藤原四卿」的光明子的兄弟們大感緊張。長屋王於神龜六年二月突然因「使用怪力亂神企圖妨害朝廷」之罪名，在自宅受到訊問，十二天後自盡而亡，其夫人吉備內親王（公主）及兒子四人，亦在六個月後縊死。

三千代一生思慮深遠，性格沉著，與不比等是理想的一對。兩人都為了一門的繁榮而鞠躬盡瘁。除去長屋王的事件是三千代出手最重，也令人不服的一件，這是為了實現她終生最大的願望——讓光明子當上皇后而下的重手。果然，長屋王死後，女兒順利從「夫人」晉位「皇后」，號「光明皇后」。在日本的歷史上非皇族之女一向不能當皇后，為了正當化這件事，她讓人在歷史上找到了唯一例外，就是大和時代（四三八）即位的仁德天皇，曾立豪族之女「磐之媛」為皇后的故事。據此聖武天皇乃可下詔立后，並附加此事「早有先例」，並非「朕的創始」。

光明子立后之後稱為「光明皇后」，她容貌端莊，表情光華，性情賢淑，在歷史上成為代表「奈良時代」的燦爛花朵。三千代將藤原家大部分的財產、封户、土地讓給光明子繼承，並在皇后宮中設「施藥院」，以博善名。聖武天皇下詔將不比等之墓列為皇族「六陵」之一，三千代至是，以女人之身而「位極人臣」，備受尊崇。

流芳百世

日本自有「朝廷」以來，朝廷或宮廷的所在地，每每都是隨歷代天皇的意見而到處遷移的。其所以能如此，乃因朝廷人少事少，容易搬遷。但自大化革新以來，朝廷事務政令倍增，遷都變成不大實際的事情。元明天皇（七〇八）之世，所居藤原宮已不夠應用，藤原不比等乃奉詔決意遷都奈良。這時代的人對宮城及都城的輪廓，已有從唐朝帶回來的洛陽及長安城的概念，於是不比等計畫學洛陽那樣道路直角交叉如圍棋盤的都城。為此徵用民力，經營數年，也曾使人民奔走於途，常常過勞而死。但不比等志在成一世事業，強徵各種稅賦，大興土木，完成了奈良都城。

奈良都是日本首次較長期使用的都城，自西元七一〇年至七八四年，計七代天皇共七十四年，以此地為首都，史稱「奈良時代」。而奈良時代是唐代文化大量流入日本，佛教、佛寺、佛經翻譯等文化興盛的年代，後世稱這年代為昇平的年代。直至今日，號稱平城京的奈良古都，仍與「千年的古都」京都相提並論，為日本人抒發思古幽情之地，亦為日本最大的觀光地。

在這個奈良時代裡聖武天皇之治世，是最為後人回憶的一代，而這個回憶中美麗的光明皇后是日本人最愛談論的話題。她從全國徵用各地草藥，親自指導製成藥品，救濟人民，成為千古佳話。其親自撰寫的《樂毅論》為日本人評論中國歷史人物之濫觴，文字矯健，令千古鬚眉自愧勿如。少有人知道當年三千代讓女兒學習漢文，就是處心積慮要培養一個皇后！

今日法隆寺中保存的橘夫人的白玉小佛像，及京都正倉院中的三千代及光明皇后的遺物，據歷史學家的見解，都看得出這對母女生前就存心要留芳百世的。

《萬葉集》的女詩人

日本文學史上第一部和歌集《萬葉集》，大約成書於日本天平寶宇三年（七五九）。所收錄的長短和歌作品，上自第十六代仁德天皇（四三八），下迄第四十七代淳仁天皇（七六〇），前後跨三百餘年；所收長歌二百六十二首、短歌四千一百七十三首、旋頭歌六十一首，計四千四百九十六首。作者中男詩人五百六十一人、女詩人七十人，其中最重要的男性作者有山邊赤人、柿本人麻呂、大伴家持、山上憶良；女性作者有大伴坂上郎女、石川郎女、額田女王及譽謝女王等。女作者的作品數在全書中不到一成，其中大伴坂上郎女的作品佔八十四首，接近「歌聖」柿本人麻呂的作品數。

《萬葉集》的編者為誰，歷年經文學史家考據，意見紛多，難以定案，但多數學者贊成是大伴家持所編。但就其內容言，不但年代久遠，且所收歌存在的地域，北自陸奥（東北），南達筑紫（九州）；所收歌的作者涵蓋天皇、皇族、高官、吏役、詩人、文人、士兵、僧侶、閨女、老婦、娼妓等現象看來，咸認為非一人一代可以蒐集完備。

《萬葉集》雖說只是一部和歌集，但其中所蘊藏的日本的歷史、文學史、文字語言史、風俗、道德、宗教、生活，及婦女生活意識的變遷資料非常豐富。尤其日本的文學及文字，當年與中國的漢文及漢字間，極為複雜的關連及變化過程，有許多消息可從《萬葉集》中的各類詩歌觀察到其細節。是以《萬葉集》對日本人和日本學者的重要性，遠遠超過《詩經》、《楚辭》對中國人及中國學者的重要性。

在《萬葉集》成書之後，日本文學在「奈良時代」及「平安王朝時代」，都曾經締造文學及和歌的盛世。但在這時代裡的男女詩人，作歌賞詩之際，心中總還是意識到《萬葉集》的歌。他們望月興嘆，戀情綿綿時總是會想到，從前《萬葉集》上的人是如何詠嘆同樣的情景？自己如此作歌，與前人的歌有什麼不同？高明些、還是技巧些，或是太技巧而情感不夠樸質真誠……等等。

直到近代，名家如若山牧水、石川啄木、與謝野晶子等，作詩詠歌之際，心頭上仍常有《萬葉集》的影子。《萬葉集》對他們而言，是可學習的古典，有時，也是難以超越的負擔。

《萬葉集》裡的歌就內容言，可分為雜歌、輓歌、相聞歌、譬喻歌、四季雜歌、四季相聞歌等六種；四季相聞是觸景生情的戀歌，譬喻歌是託風月花鳥表達情感的歌。當然四千多首的歌，不盡是感人肺腑、語言雋秀的歌，有些是祭典、祈神聊備一格的，只對考據、宗教方面有關的人發生意義。相對於平安王朝的女房們，一方面戀愛，另一方面以歌慨嘆戀情之苦及男女之罪孽。大伴坂上郎女之情歌，開朗而不做作，顯示那一時代女人的意識型態與後世不同。

坂上郎女

坂上郎女出生於萬葉後期，是名門大伴家的閨秀。其父是官拜「大納言」兼「大將軍」的大伴安麻呂。母親是「內命婦」石川郎女。異母兄大伴旅人、田主、宿奈麻呂皆是一時俊彥，當世詩人。她十七歲時奉召為第五皇子「穗積皇子」之妃，但幾年後皇子病逝。皇子原來比她年紀大一倍，疼她如女兒，病逝後，她一時不能適應年齡相近的男子的追求。每夜作歌：「杜鵑聲，鳴聲何悲切，害我不眠心淒楚」之類的歌自我排遣。

但不久，當時權勢無比的藤原不比等的四男常常來看她，四男性格明朗，愛喝酒好音樂，郎女也慢慢習慣。但大伴家是舊門閥，而藤原家是新興勢力，兩方的政爭影響了無辜的男女關係。四男漸漸疏遠，郎女無奈，作歌：「願杜鵑，往告君郎，如斯思念」、「佐保川小石礫，可有黑馬渡過來，一年能幾次」。絕望於四男之後，她在異母兄的關切裡找到寄託。當年，異母兄妹是可以結婚的，她和異母兄宿奈麻呂之間生了兩個女兒，大孃和二孃。

天平初年（七二九），在九州任地的胞兄大伴旅人喪妻。她於是到九州大宰府擔任大伴家的總管家，祭祀家族的祖神，並擔任聽神意的巫女，且撫養胞兄的長男大伴家持。這時候她已是三十出頭的人，在天氣暖和的九州談戀愛，作歌：「黑髮已摻白髮，迄未逢，那久久遠遠情」。這種心情，已能超越戀愛，把愛情當笑話了。翌年胞兄病故，她遷居佐保邸，擔當家事，代理母職，一方面其見識及才華已能在貴族社會出入應酬，交往吟歌，還曾作歌獻上聖武天皇。

「思念又思念，終相逢，只是月光太亮請稍等。」這首歌據稱也是戲謔之作，但情感何其動人！她不但為自己作歌，還為女兒作歌。她將大孃嫁給自己撫養的侄兒家持時作歌：「玉已成器授玉主，從此我抱枕相依眠。」一絲寂寞感透露母親嫁女的心情。

郎女的作品中有無病呻吟的歌，她是教養很高的人，洗鍊、流暢，通曉和歌的真諦，寫出來的歌如：

「春露如煙升，令人無奈何，此景不宜談戀情。
杯酒浮梅花，喝過後，聽它隨意散。」

其境界已至矣極矣。

女人與老翁之歌

《萬葉集》中還有幾十個女詩人，留下她們肝腸寸斷的哀歌，如阿閉皇女行山路時想念其亡夫草壁皇子的歌。

「此地大和紀伊路，風聞背山就在此。」日本古語稱女人的兄弟及丈夫為「背之君」，故因背山而聯想亡夫。

「秋山有木，樹下有水，我心如水，靜靜想念。」這是鏡王女想念天皇的歌。

「託馬野裡長紫草，取來染我衣，衣未上身色已顯。」這是笠女郎送給大伴家持的歌。屬「譬喻歌」，喻自己的心提早為人所知。

「君家通我家，我家在住坂，我命一日在，永不忘此路。」這是大詩人柿本人麻呂的妻子寫給丈夫的歌。當時的貴族風俗，夫妻不同住，妻住娘家，丈夫常常走路去訪妻，這條路成為連結兩人感情的象徵。

「崇山阻隔不能往，門前望月，遥想妻子或在門外等。」「明知路遠君不來，仍然枯等到心焦。」這兩首是藤原郎女與丈夫大伴家持相隔一座山互相應酬的歌。在《萬葉集》夫妻相思的歌甚多，見出當時夫妻不同居的風俗。

《萬葉集》中的雜歌，取材廣泛，舉凡山水草木鳥獸動物，河水泛濫，奇岩形態皆可入歌。有些歌，前面有故事，故事之後嘆詠人事，亦多借用中國故事及辭彙，如〈代匠記〉中借曹植之文為「天路高邈，良無良緣……」。憶良之〈半路〉抄自梁簡文帝之〈夜望單雁飛〉：「早知半路應相失，不如從來獨飛」等等，不勝枚舉。

雜歌中有故事：有老翁趁月色登山丘，見有九女神煮羹，女神見翁招之：「來為我扇火。」翁唯唯而上，就座，卻有一女神責問是誰叫這老翁來此！老翁懼，作歌曰：「我為嬰兒時，束髮穿綿衣。少年出春遊，飛鳥亦相伴。回到父母鄉，宮女爭相看。紅顏若早死，不許見白頭，萬一活到老，豈不生白髮？」這歌是：反駁女神爾等戲弄我是老人，焉知你們到了白髮時，不也有年輕人笑話你們。女神們聞言，斂容謝過，云云。

孝謙女帝與禪師之戀

奈良時代的政治家藤原不比等（六五九～七二〇），是繼生父藤原鎌足（六一四～六六九）奠定了藤原家族（後來分出四族「北家」、「南家」、「京家」及「式家」，只不比等直系仍姓「藤原」）三百多年權勢地位的能臣。他諳熟宮廷政治，一方面認真輔佐皇帝，另一方面也透過姻親關係控制朝廷，歷仕持統、元明、元正三女帝，而名望達於極點，其四個兒子也都奉召入為參議等職，參與廟議。

不比等看上在宮中有相當權力的女官「縣犬養三千代」（按：前三字為姓，後三字為名），三千代亦對他有意，離婚後改嫁於他，兩人生了一女名光明子。不比等將這個女兒嫁給了當時的皇帝聖武天皇，由於聖武天皇是不比等的外孫，事實上光明子是聖武天皇的姑母，但不比等專斷地讓兩人成為夫婦，亦曾引起了朝內許多反對。其原因除了反對近親且輩分不同的婚姻外，也因光明子是非皇族而成為皇后的第一人。日本史上常常天皇死後皇后繼位為天皇，乃因皇后本人也是皇族，可能是天皇的堂妹或異母妹。如今娶非皇族為皇后，將來若天皇去世而皇子尚小，皇后又是非皇族出身，帝位繼承會發生問題。但不比等使用軟硬兼施的方法，終究還是把光明子推上皇后的寶座。

這位光明子皇后與聖武天皇後來生了一個女兒阿倍內親王（按：皇子稱親王，皇女稱內親王），就是後來的孝謙女帝。阿部內親王所以能繼位為帝，主要是因為其父聖武天皇一心想維持天武及持統兩帝的皇統。事實上，她的繼位在當時是相當勉強的；原因有二：第一，她的母親不是皇族；第二，她一直沒有結婚。日本的皇族一直有不成文的習慣，內親王若在繼位前未結婚，做了女帝之後就不能結婚了。不能結婚就不能生育後代，讓一個沒有後代的內親王繼位，下一個繼位的人選一定又會引起繼承的爭論，但她仍繼位了，各種傳聞說她在未繼位前就有情人。

孝謙女帝

據《續日本紀》卷十八的記載，孝謙帝於天平勝寶四年四月九日主持盧舍佛像開眼典禮，「是夕，天皇還御大納言藤原朝臣仲麻呂田村第，以為御在所……」（這段話原文就是日式漢文，照抄）意思是當天晚上就住在朝臣仲麻呂之家。女皇帝在臣下之宅第過夜，是一件非常奇怪的事情。而且既說「還」，當是前日就已住在那裡，典禮後又「還」回那裡的意思吧？對這件事，史學家另有解釋：認為女帝如果與這位大她十二歲的表兄曾有曖昧情事，當然會故意避嫌，不會公開出入其第宅。就仲麻呂而言，他是謹慎而渴望升官的人，何至於蹈不測之地去和內親王私會？若和她真有一些私人情誼，以仲麻呂的性格而言，應當只是利用這份情誼來升官抓權，而不是進一步去私通戀愛。綜合各種考據與推斷，這段曖昧傳說，大概只是謠言吧。但孝謙帝若年為皇太子，三十二歲即帝位，三十九歲喪父皇，四十三歲喪母后；這時候其心情若何？還有一段故事。

「妖僧」道鏡

所謂「妖僧」是後世對僧人道鏡中傷的稱呼。道鏡雖身為僧侶卻野心很大，得權後傲慢自大，但是否為女帝入幕之賓，史籍紀錄上並無證據。聖武天皇臨終時，遺命以道祖王為皇太子，但這位好色的皇族子弟竟在服喪中與女宮人私通；孝謙帝怒而將他廢掉，並另立大炊王為皇太子；可見女帝是對男女關係相當潔癖的人。後來女帝乾脆將帝位讓給皇太子，但奇怪的是《續日本紀》一直仍稱她為「天皇」，似乎與繼位的淳仁天皇並立。事實上，她也事事牽制淳仁，並不讓新帝自作主張。而且在幾年後，因淳仁天皇向她轉告藤原仲麻呂的話：請她不可太接近僧人道鏡。她聞言大怒，將淳仁廢掉，並自己復祚，稱「稱德天皇」。

孝謙帝與道鏡接近，是天平寶字五年（七六一）十月，到近江觀俗時生病，道鏡以「藥僧」的身分第一次「侍湯藥」。道鏡學的是「宿曜祕法」，是一種觀察星宿，以唸經、唸咒治病的方法。道鏡身材魁梧，誦經的聲音莊重有力，音韻鏗鏘，對於當時剛失去母后，自覺無依的女帝而言，可能發生一些心理扶持作用。唸咒是否能治病，不得而知，但在那個年代，應該有些心理撫慰作用吧。於是道鏡在側，女帝就覺得身體好些，道鏡離開，女帝就又病了。這時候藤原仲麻呂開始失寵，問題變得複雜；於是仲麻呂透過淳仁天皇勸戒女帝，女帝認為淳仁「說了不可說的話」，把他罷黜。

當時為了營造大佛寺，金銀用盡，民力枯竭，生民塗炭。但重祚為稱德帝的女帝將淳仁流放到「淡路島」，並以造反的嫌疑，剝奪仲麻呂所有官職，最後追捕之，斬殺其一族。對苦難中的人民毫無憐恤之意，這位在皇宮中長大的女帝本來就不識民瘼，只是在重祚之前做了個樣子，聲稱出家為尼。但日本自開國以來，出家人不論男女，繼續掌權，參與政治是很普通的事情。出家反而讓她有藉口升道鏡為「少僧都」，不久又升他為「大臣禪師」，「大臣禪師」是從未有過的官名。女帝自稱：「朕雖出家，但政事不能不理；道鏡導我、護我，出家之天皇用一個出家之大臣也很好，故特設大臣禪師之官名……。」當年改元「天平神護」，並帶著道鏡出發前往河內、和泉兩地去巡行，回途還特別到道鏡的故鄉「弓削莊」停留了一下，並以二百石的封祿授與弓削寺。此時道鏡已榮任「太政大臣禪師」，位極人臣；法師做了大臣，自然也無從施展，其「德政」僅止於禁止魚肉腥物進入宮中。其胞弟弓削淨人及全部家族約十人皆獲授官，也算一門榮耀了。相形之下，榮顯幾代的藤原家族只有房前之次男擔任右大臣，人人切齒忍耐，卻凝視著新貴道鏡，等待反撲的機會。

幾乎讓位

女帝遲遲不立太子，表面上說正等合乎天意的人出現，事實上私心想讓道鏡繼位為皇帝。由於太子未定，貴族之間繞著繼位問題角力的事件層出不窮。

道鏡警覺到欲成大事必須先握軍權，乃奏請女帝封其弟淨人等為武官，但藤原百川在此時巧妙地運作，成為副將軍，把不知軍政的弓削將軍架空，掌握了實權。天平神護二年（七六六），有人在「偶寺」找到了佛舍利子，女帝認為此乃道鏡盛德使然，封他為「法王」。翌年六月十六日，皇宮東南方出現七色瑞雲，式部官引經據典認為瑞雲學名叫「景雲」，於是改元「神護景雲」。但不久道鏡兩個心腹圓興及基真吵架，基真被判無理流放「飛驒」地方，基真憤而說出先前的舍利子實是自己設計的騙局。這雖是一次挫折，但不久「宇佐八幡宮」的神官上書奏啟「神託」，顯示「以道鏡為帝，天下當太平」云。

女帝大喜，便派使臣和氣清麻呂前往神宮再請神託，清麻呂出發前，道鏡召見密語，囑以「此係皇位大事，好好安排，今後當封高官」。但清麻呂性格清廉，又一向與藤原一族友善，回來後奏請：「我國自開國以來君臣定位，非皇統族裡人不可繼位，應速驅離……」等等。

仍有阿諛之人，獻詩曰：「吾輩草民，生也逢時，值此聖代，天地榮昌。」（此詩後來成為日本歌頌盛世的代表作。）

半年後女帝駕崩，藤原一族擁立「白璧王」為光仁天皇；道鏡被放逐「下野」地方，死於當地，結束了女帝愛戀僧人的一段歷史。有史家主張：以當時的女帝精神狀態而言，或曾愛戀僧人，但身分高貴的人戀愛是可以沒有性關係的。

美女的代名詞

——小野小町

據較為可靠的記載，小野小町生歿年不詳，其作歌最多的年代約在西元八五〇年前後，曾在日本仁明、文德兩帝在位時擔任後宮女官。其所作和歌，文字平易，意態深沉，作品在《古今和歌集》中收錄十八首，為當時六歌仙之一，也是六歌仙中唯一的女詩人；另在《後撰集》及《新古今和歌集》中也收錄了數十首作品。她，是日本和歌創作進入全盛期（平安文學）的初期詩人，也是日本文學史上第一個以詩名聞於世的和歌作者。但在她生存的年代沒有任何記載，說她是「美女」；後世各種傳說及故事、戲劇中卻將她說成絕世美女，使「小町」這名字成為美女的代名詞。是幸，或不幸，迄今眾說不一；學者認為，以她的詩才而言，美與不美已經不重要了，我們寧願持這樣的看法。

詩姬小町

小町有幾首和歌不但是經典之作，而且膾炙人口，迄今稍通文學者皆能朗朗上口。

如：「花之色，將褪去，年華逝，亦如斯，就在眺望間。」此詩以花之凋，喻年華之老去，「就在眺望間」一語驚心動魄，比林黛玉的葬花詩犀利、深刻。

又如：「心中想著，睡裡看見，知是做夢，不該醒來。」惋惜夢中之境，如「莊周夢蝶」，其情深處，有過之，因為它是深刻的情詩。另一首意思相近的歌曰：「自從夢中見到伊，從此常常盼做夢。」還有「相思難排遣，夜衣反裡穿。」這是當時的宮中女子相信，將夜衣（睡衣）反穿，就可使情人夢見自己。

也有勸男人別來訪的歌，歌曰：「海灣不長海松布，漁人何事頻移駕，吾本不識人，不敢見君子。」這裡所說的「海松布」是海藻的一類，「無海松布」與「無識人之明」在日本話裡同音，故寫成駢驪句。此歌見於《古今和歌集》第六二三條。據《古今和歌集》的注解，這首小町逃避追求者的歌，成為後世把她說成絕色美女的根據。

小町的詩才很高，後世可從其留下的幾十首和歌，見其一斑；但小町的容貌美不美，後世其實無從知道。因此小町去世後數十年，世上開始有小町的傳說、故事、戲劇等等。這些，有的將她奉為天人，有的將她說成鬼婆。日本文學史上没有第二個詩人，死後激起了這麼多漣漪，出現了這麼多充滿善意及惡意的故事、傳說、小說及戲劇。我們先看看一個在那個年代典型的求愛故事。

百夜求愛的故事

據傳說，有一位貴族青年深草少將（按：深草為名，少將是官位）從京都步行五公里路，來到山科郡小野里向小町求愛。小町聽說有人來訪，並不出來，只叫侍女出來見客，告訴對方若能從今夜起每天來此一趟，百日之後，當可相見。美女用以應付求愛的這種方法叫「百夜通」，在當時是有身分的女子用來抵擋輕狂少年的典型方法。表面上女子雖未出面會客，從門縫裡窺視來客通常是有的。輕狂少年通常不耐百夜之辛苦就會放棄，事情就會自然解決。

深草少將是用情很專的人，從那夜起，夜夜真的來回十里路，不論陰睛，不怕風雨，都來到小野里，並且隨身攜帶一顆「榧子」（按：一種果實，味甘可食），放在小町家門口以徵信。如此走了九十八趟，深草因連日疲勞竟病倒了。翌日是第九十九夜，眼看下起大風雨，深草自忖不可能親自出門，乃將榧子交給僕人，叫他代行一天，明日是第一百夜，他無論如何，爬也要爬到目的地。僕人奉主命帶榧子走到小町邸門口，放下榧子，正想回去，侍女卻適時現身！

原來是夜，小町在屋子裡見外面風雪很大，與侍女談起：這位深草少將倒是一往深情，連走九十幾天未曾懈怠；今夜風雪嚴寒，實不忍心讓他冒風雪走回去，不妨請他進來，提早一天見面，以慰其九十九夜之勞。這提早見面之意卻剛好撞破了僕人代行的「機關」，深草少將百口莫辯，小町也將九十九個榧子排在院裡，放聲大哭，而少將從此深為自愧，病重而亡，云云。

凡是「傳説」任何人都可以任意改造。上述故事，是少將有情，走了九十八夜，那第九十九夜是因為病倒情不得已；但後來有人將其改成男主角自始就無真情，一直雇人代行，事情揭穿後小町大怒，從此不再相信男人，成為任意玩弄男人的女人。從這樣的故事乃誕生小町後來成為醜陋的「惡婆婆」

戲文，一個女子本來美麗，後來變醜，在那年代被視為天的責罰。小町到底多美？後世無人見過，但「小町」一詞在日本語中是美女的代名詞，有如中國的「西施」；若有哪個賣豆腐的女子長得美，就稱她為「豆腐西施」；在日本，拉麵店裡有美女，即稱「拉麵小町」。

和歌之德

小町是能文能詩的才女，這倒是事實；在日本人觀念中，不但「詩言志」，和歌也是有「德」的；這種「德」有時能上感天道，也能感化惡人。有一個故事：旱天持久，農作枯萎，天皇出來祈雨，或叫高僧祈雨，皆無靈驗；於是有人建議天皇召喚小野小町出來作和歌以感動上天，小町隨口吟：「我國既稱日之本，理當久久日光照，其奈天下何。」（按：「天下」可讀 **Ame-ga-sita** 與「雨之下」同音）。

詩人祈雨自小町創例之後，常常有人為之；也因旱災實在可怕，民間普遍有希望祈雨出現奇蹟的願望，此類傳說就更流傳各地。

比小町稍後出名的女詩人和泉式部曾以一首戀歌「可得乎？此生別無望，但願再相會」風靡歌壇，她大約看了小町的祈雨歌，也作了一首：「都說日之本，本當有日光，若終不下雨，難為天（雨）之下。」

《古今和歌集》的〈假名序〉曰：「大和之歌者，以人心為種，千萬（很多）言詞為葉，因有諸多語言，世人乃得將心中所思，所見所聞發之為言。諸如鶯啼花間，蛙鳴水裡，有生之屬，誰不和歌，執不和歌？歌者不用力而動天地感鬼神，調和男女之情，慰撫猛士之心，斯歌，出自開天地之初也……。」

這段話，足以代表自古以來日本人對和歌有德的觀念。序中也說：「歌之體有六，唐詩亦如此（指「風賦比興雅頌」），其一曰『付歌』（將真意暗附在風花雪月中），如：『難波津開花了，春來就開花。』（暗示時機已到，機會在眼前）二曰『數』、三曰『比』、四曰『例』、五曰『事』、六曰『頌』（其意與漢詩之「六義」相類似）。」也就是說，自這個時代開始，日本人已把「和歌」當作能迂迴曲折，說出心情志向，微言大義的文字。而小野小町生逢和歌文學進入極盛期的年代，率先以和歌言志、寄情、寫意、寫戀情，開風氣之先，可謂一代才女。但由於名氣太盛，冷遇追求者的風聞不逕而走，遂至，後世有許多傳說，形容她老年時，容貌變醜，貧困無依，死得很淒慘等等。其中有一個故事也帶出她貧病中的機智，傳說小町從京都來上野，極度疲倦，全身生瘡，乃向當地藥師佛像祈求痊癒，但事過旬日不見靈驗，乃以和歌詰問菩薩：「南無藥師佛，諸願皆不叶，吾身固當敗，可惜損佛名。」是夜夢見藥師佛顯身，吟曰：「瘡疾原是一時厄，脱卻那袠衣，還汝清白身。」小町驚夢醒來，發現全身已無瘡……。

這故事最終還保住了清白身，但有些故事之誕生，其用心至為惡劣，就没這麼仁慈了。

小町的寂寞身後事

小野小町，一位詩才蓋世的女子，一生留下近百首的和歌，從其和歌的內容推測，也曾與皇族、貴族以情詩唱和談過戀愛，即使未必真的生得豔麗絕倫，但終生沉醉於詩歌的人怎會去做太惡劣的事情？儘管如此，她身後卻引出了一些無稽的傳說，這些傳說對小町個人誤會甚多，但卻豐富了故事、傳說、戲曲、能樂、謠曲等文藝，說來是很奇怪的。

第一個傳說，說小町生前為何對追求者都冷漠以待，甚至故意使他們絕望而死？因為她是「石女」，無法享受性的快樂，至死都是處女。這樣惡意的傳說，在日本語言中竟然發酵，在日語中那縫衣服的針，若做得不好，缺了那個通線的孔，就叫做「小町針」！也太低品味了。

據說平安中期，有弘法大師者著《玉造小町壯衰書》提到：「有齷齪老婦，原是富家女，因恃姿色而驕慢，父兄死後，没落無依，後遇一獵人，生一子，貌變醜，失夫寵，家屋毀壞，以稻草為衣，食野薇，回想昔日風光，常自垂淚……。」

這本書一出，好事者競相傳聞，另有人根據此書，又繁衍出一段文字。《十訓抄》中說她十七喪母，十九喪父，二十一兄歿，二十三失弟，自此形容枯槁，終至徘徊山林之間……。

然而考據家考證，這些敘述帶有相當程度貶損才女的意識，因為小町不但有胞姐，還有孫女，這兩人也曾做和歌，胞姐有四首歌分別收錄在《古今和歌集》及《後撰和歌集》，孫女也有一首收在《後撰和歌集》中。

最令人不忍看的是，後世也留下了一些號稱是「小町像」的木刻雕像及畫像。在今日的京都市左京區靜市市原町有「補陀洛寺」，俗稱「小町寺」，寺中有小町像，眼窩深陷，雙頰無肉而有皺紋，胸前肋骨暴露，手握木杖，形容枯槁，令人惻然。據寺中傳說，小町在流浪各地之後於昌泰三年（九〇〇）死於此地，其辭世之歌曰：「吾死後勿燒勿埋，曝於野，供那飢犬得一飽。」語意忿懣，用詞淒厲，到了恐怖的程度。隨心院裡另有一木雕，坐姿，同樣枯瘦醜惡，但表情較為溫和，面部略似「能樂」中的老翁面具。

畫像方面，有名的〈小町老衰圖〉係根據《玉造小町壯衰書》之傳說而畫，畫者為弘法大師，藏於「陽明文庫」，此像長髮及地，瘦身，皮膚黑，除一襲腰蓑以外幾乎全裸，背著頭陀袋，手持破籠，兩眼特大，但雙眼之視線沒有聚焦，顴骨隆起，張開的口中露出牙齒，帶著幾分妖氣，猶如地獄圖中的「餓鬼」。想來，這個畫像的人是存心要呈現一個令人驚怖的鬼婆吧，但這樣的一幅畫還未達到最可怖的境界。最可怖的，莫如〈小野小町九相圖〉，此圖現藏於愛知縣・江南市・曼陀羅寺。

所謂「九相圖」是人死後，其屍體在火化之前可能呈現的九個階段的樣相。這九相是：膨相、壞相、血塗相、膿爛相、青相、噉相（按：屍體為鳥獸啄裂之相）、散相、骨相、燒相。九相圖常在寺院間流傳，目的在讓修行者凝視九相而感悟肉體的空虛。作家芥川龍之介所著《地獄變》中的故事主角畫家良秀，曾為了繪製「地獄變」屏風，點火燒死獨生女，凝視其女慢慢被火燒死的始末而得靈感。

在某派佛教思想中有所謂「污穢思想」；而女子，尤其是愈美的女子，被視為愈污穢。所以九相圖以絕世美女小町為題材，最能解說「紅粉白骨」的道理，讓人體悟絕世美女終成污穢的無常感而絕意美色。是耶？非耶？絕世才女死後被用來做成這種教材，是否為「大悲」之心所認同，當然也是可以懷疑的。

戲劇，也常以小町為素材。在日本，最有深度的戲劇，咸認為是「能劇」。在能劇的戲碼中，到今日尚存在的小町戲碼，有十齣以上，較重要的有：《通小町》、《草子洗小町》、《鸚鵡小町》、《關寺小町》、《清水小町》、《高安小町》……等等。其中《關寺小町》雖然情節簡單，卻以表演艱難，唱詞沉鬱而成為名劇。劇情為：七夕之日有僧人帶一稚兒到草庵來訪老婦，請教和歌要義，老婦出口成章，諄諄善誨，僧人疑其為小町，一問果然；於是請她參加七夕慶典，小町舞動不靈活的四肢，邊舞邊訴說其身世之淒涼（此段為重頭戲）；不久東方日出，小町不願暴露老醜之姿，黯然走回草庵……。

《卒都婆小町》是較複雜的戲：緣有百歲老嫗坐在「卒都婆」上面休息（按：卒都婆是梵文的音譯漢字，意指祖廟背後的木造高臺），有僧人見之，責嫗不可坐在臺上，並向老嫗講解佛理；老嫗卻毫無愧意，作歌曰：「極樂之內不當坐，既在外面（按：與「卒都婆」同音）坐何妨。」僧人驚其才，叩問來歷，小町乃告以自己身分，談及深草少將之悲劇，此時少將亡靈回來糾纏小町，小町幾乎發狂……。

作家三島由紀夫（一九四七～一九七〇）一生醉心能樂，曾有七篇能樂劇本之創作，其中之一為《卒塔婆小町》（按：他將「都」字改為「塔」），一九五二年一月發表於雜誌《群像》。劇中有年輕詩人在公園裡偶遇九十九歲的老嫗，老嫗自述自己在八十年前曾於鹿鳴館與顯要貴人一起跳舞，當時風華絶世的她亦曾成為羨豔之的，有深草少將者殷勤示愛，但她有一種宿命，凡是愛她的人都會死去。詩人聽她的故事，愈聽愈覺得眼前的老嫗極美，不覺喊出：「你好美！」結果未能走出宿命而死。劇的最後一段男主角一直要愛她，她一直提醒他：

「我是九十九歲的老嫗，你醒醒……」

「但你有二十歲眼神，香氣，不可思議……你恢復青春了！」

「不要說下去，說我美麗的人都會死去！」

「美的東西就要說她美，我要說了！」

「不要！」

「九十九夜，九十九年，是該說了，小町你真美！」

主角當場死去，醜陋的老嫗哭倒在地！

評論家唐納・金說：這能樂是美與愛與死的「三角形」。

一九七〇年十一月二十五日，三島由紀夫在東京市谷自衛隊駐地切腹死亡，當時筆者正在距駐地不到一公里的富士電視臺洽公，目擊大多數日本人都不知三島為何自殺。三島在小說《金閣寺》中讓小和尚把極美的寺院燒了同歸於盡；美的事物原是不可以存在在這樣惡俗的世界的！人因愛而悟美，美因死亡而完成。

《草子洗小町》是一齣比較令人莞爾的戲。話說宮中又要邀許多和歌詩人舉行「歌合」會，也就是做詩比賽，六歌仙之一大伴黑主亦在受邀之列。大伴自忖，自己的詩才終究是不如小町的，必須設計出奇才能勝出；於是他夜間潛入小町邸，只聽小町吟：「未曾下種何得有，那浮草茂盛如水浪。」

大伴回家將此歌抄入古本《萬葉集》中，翌日帶著《萬葉集》參加「歌合」會，小町果然吟出：「未曾下種何得有，那浮草茂盛如水浪。」大伴立即說此歌是古代的歌，並非創作。一座動容，無從分辨，那大伴掏出《萬葉集》翻開來，書上果然有此歌。小町一時百口莫辯，但仔細看那首歌字跡似乎比其它部分濃些，乃拿來水盆以水洗書，新抄上去的部分立即消失，大伴大窘謝過；眼看大伴要受譴責，小町說：「吾身何可獨享名，歌友在此歌道在！」一座皆稱讚她的大方。這句話意思是說：在詩壇上若我單獨享名聲有何趣味，和歌之道本來該歌友互相切磋。這故事抬舉了小町，只是難為了大伴黑主，也可見詩歌之會，看似風雅，爭勝之際，也是心機很深哪！看看《紅樓夢》大觀園中眾美女作菊花詩，思過半矣！

「太古情」中的皇太后

在平安王朝時期的日本語言中，「物語」是近乎「傳說」的意思，因為是民間或貴族間的傳說，所以大部分不知作者或記述者是誰。反過來說，若是這傳說有確實的作者，那麼它就變成某作者撰寫的故事，有作者本人的意見及取捨，其作為「物語」的公信力就反而減低。這時代所留傳下來的種種「史料」、「故事」乃至私人隱密、男女戀史，皆可作如是觀。

「物語」中有「歌物語」；「歌物語」是以和歌為主題，解說某一首或多首相聞問的和歌，由誰在哪種場合撰寫、贈送，及其前後的因緣；類似中國的「詩話」而故事性較強。「歌物語」為學習和歌者之必讀，也是日本「國學」的一環。

皇太后藤原高子及歌人（寫和歌的人）在原業平的戀情經過，大部分取材自「歌物語」中的《伊勢物語》及《大和物語》。

藤原高子

高子是當年不可一世的藤原不比等及橘三千代的曾孫藤原長良的女兒，

她原來被預定要納入後宮成為文德天皇的妃子，但因文德天皇身邊已有高子伯父良房之女明子早已稱「染殿后」，所以納妃之事一延再延。而文德帝不久以三十二歲之年突然駕崩，留下了十歲的皇子即位為清和天皇。清和是良房之外孫，良房強力拱外孫即位後自己成為攝政，卻感到後宮空虛，需要安排一個藤原家的女子進去。於是不顧輩分要將姪女納入後宮做清和帝的「女御」（僅次於皇后），也就是讓她做堂姐明子的兒媳婦。高子強力反對，不只因為她當時已十八歲，不願嫁十歲的清和帝，實因她與詩人在原業平已有多年的情分了。

兩人於是計畫私奔到小鹽山那邊的別墅，業平先帶高子到看得見鹽山的地方指示她如何走，高子當下賦和歌一首：「若人問我玉何物，玉是白露終消失。」表示不為瓦全的決心。

但兩人行險未成，被人抓了回去，因為他們會私奔早在周圍的人預料之中。他們兩人可以說男的年輕，血氣方剛；女的愛詩，也愛詩人。之前，高子與姨母（五條后）住在一起，而業平經常夜裡去見她，曾為人所發覺。姨母於是增加周圍的戒備，使業平無法接近，業平無法見情人，還賦歌：「路不通兮有關吏，夜夜孤棲其奈何！」依我們看來，做這種事還寫詩張揚出去，也太不小心了。焉知當時的社會，只要詩歌做得好，世人是同情情侶的，這是東方人的情趣，否則卓文君夜奔司馬相如怎會成為「佳話」？相較之下，英國詩人拜倫與異母姐把妻子逼走之後，遭到英國群眾的謾罵，只好出走，終生未曾回去，英國群眾也太無「情趣」了。私奔失敗之後，業平離開京都獨自旅行，徘徊於山水之間，做了許多和歌，豐富了《古今和歌集》及《大和物語》。

詩人在原業平

業平是平城天皇之子阿保親王的兒子，其母則是桓武天皇的女兒；如果平城天皇未涉入「藥子之亂」，業平是可能留在皇統之內，有機會問鼎至尊之位的。他天生姿容清秀、多情善感、長於詩詞，十幾歲時回故鄉看到胞妹，有和歌讚賞其美：「春日野上紫衣女，令我心亂不忍言。」對胞妹尚且如此，見到可以追求的美女，當然積極送信且不管周圍耳目。私奔未成之後，他獨自到關東旅遊，每到一處望景生情，寫下和歌，成為《伊勢物語》及《大和物語》的珠玉詩篇。他一日走到江户郊外淺草旁的隅田川，見到一種鳥，就請教路人鳥的名字，路人答以「都鳥」；「都鳥」觸動了他在京都的傷心事，他又作歌：「爾名叫都鳥，必知京都事，敢問心上人，如今可安否？」

私奔未成被帶回去的高子，當年（貞觀元年，約當八五九年）十一月二十日受封為「從五位」的女官入宮了，她原來是由伯父安排好要以「女御」的身分入宮，還要在清和天皇行成人禮之夜侍寢的。但為了私奔事件的緣故，她居女官之室八年，到了貞觀八年才得進位女御，此時她已生了公主敦子，後來又生了第一皇子貞明及次子，貞明出生後三個月即立為皇太子，都是攝政伯父的安排。另一方面旅行回來的業平，從此經歷十幾年，官位未得升遷，他卻依然故我，到處留情，寫詩，以醇酒婦人，打發鬱悶，但文窮而後工，在和歌的創作上卻水準凌駕同儕，人人稱羨。在那個年代，文化人中，男人都多攻漢學、寫漢詩，女子則攻《萬葉集》，習和歌。但業平另有懷抱，不讀漢文而沉緬於和歌的感傷，他是天生的詩人、情痴。

東宮之母

成為東宮之母的高子，在宮中以其和歌之才成為宮廷沙龍的女主人。其兄藤原基經一方面在政治上發揮所長、官運亨通，最後做到太政大臣及史上第一位「關白」（相國），另一方面也成為男性沙龍的中心。這沙龍中有菅原道真、橘廣相等第一流的漢學人才，寫出許多漢詩文及史書。

一日，高子以「東宮御息所」（東宮之母）的身分到大原神社參拜（藤原宗族之氏神），在社內照例賞賜禮物及周圍的人；此時高子突然瞥見遠處樹蔭下，業平站在那裡，她於是將禮物送完等大家都走了，才在轎內脱下內衣，交給業平，業平則塞給她一首歌：「大原啊，當年小鹽山，猶似太古情。」

二條后（高子的尊稱）主持的沙龍也常常有些活動，在這個階段，其實兄妹間已有競爭意識了。高子任命僧人遍昭為太子的「護持僧」，她為此建元慶寺供遍昭居住；遍昭未出家前生的兒子名素性，亦因此常出入和歌沙龍展現文才。一日，高子命畫工在屏風上繪紅葉漂在龍田川水面的景，然後叫素性向外界徵求歌詠這張屏風畫的和歌。素性帶回來的和歌有一首：「神代以來不曾有，紅葉染紅龍田川。」高子知為業平所作，默然無語。就人生的意義言之，她和業平都成長了，也成熟了，終能諦觀過去的激情，珍惜現在的情分，默默思念對方。

兄妹對立

身體虛弱的清和天皇不久將帝位讓給才九歲的太子後出家，旋又駕崩，成為太后的高子權勢愈大，也愈不可避免地與兄長基經對立。首先，高子開始重用沙龍中的人及昔日的情人在原業平，對此，身為攝政的基經當然反對。基經早就很機警地將自己兩個女兒賴子及佳珠子送入宮，意欲削弱高子的權力。新帝即位後，他以退為進數次奏請交出攝政之位，又奏請皇太夫人應即改稱皇太后，垂簾聽政。高子終究鬥不過心機深沉的基經，基經設計誣責十七歲的天皇性格不正常，將高子與天皇趕出宮外，天皇（陽成天皇）離開宮廷後繼續生了四個皇子。高子在情感生活上及政治生涯上都曾經滄海難為水，獨自生活，卻在五十五歲時又遭到乃兄的誣陷，說她與東光寺的僧侶私通，被褫奪了太后之稱呼。但她創辦的文化沙龍繼續存在，從這裡面誕生了《伊勢物語》、《大和物語》、《古今和歌集》等不朽的名作。高子歿於延壽十年（九一〇），享年六十九歲，其晚年之作：「雪中春來到，鶯淚終化水。」以鶯淚之融化喻自己之心未解，與在原業平之歌：「世上若是無櫻花，春心應該多悠閑。」相互輝映。

藤原世家，自藤原不比等成為重臣之後，歷代以女兒嫁天皇，居外戚之利而攬朝廷之權。但威權凌駕朝廷之後，宗族中伯叔兄弟開始爭權鬥爭，高子與其兄基經之互相傾軋是很典型的例子。爭權奪利，已成歷史，但藤原家亦出了幾個詩人，其所作漢詩和歌，迄今賺人眼淚。

王朝才女

——清少納言

西元一千年左右，約值日本平安王朝的中期，日本的宮廷文學在追求風雅的皇族、貴族、官員、后妃及「女房」（亦稱宮女或女宮）的吟詠中，透過「歌合」（歌會）及宮廷沙龍，締造了前所未有的燦爛時期。其中寫出了文學史上最長篇的小說《源氏物語》的紫式部及以《枕草子》隨筆留名後世的清少納言，此兩位前後入仕為中宮及皇后的「女房」，成為沙龍中的一時瑜亮。說來這兩個才女都出身官宦世家兼書香門第，在當時若無這樣的背景，難以到宮廷裡擔任「女房」，還必須要其個人好學多才，才能在那環境裡出類拔萃，並交結貴人以為後盾（按：「草子」是「冊子」之意，文人寫書常自謙是草子）。

清少納言

清少納言的祖先可以追溯到「飛鳥時代」與額田女王談戀愛的天武天皇。舍人親王之後取姓「清原」，其祖父及父親清原元輔都是和歌的名家，但只是書香家庭而不接近政治權力。她十六歲時嫁了橘則光而生一子則長，但隨著兒子漸漸成長，內心頗質疑終生為「賢妻良母」的價值。有一次她參加右大將藤原濟時的法會，目擊貴人貴婦們優雅洗鍊的談吐，想到自己的祖先曾經也和這種貴人們促膝吟詠，心中悵然；她再三思量，她的教養，她的漢學知識，只有離開家庭，才得以發揮。

清少納言二十八歲時，「關白」（首相）藤原道隆看上她的才學，派人來敦請她去做中宮的「女房」。中宮定子是道隆的女兒，把女兒嫁給天皇是當時政壇上常有的事。而這位嫁給「一條天皇」的中宮定子當時才十八歲，很需要一個教導她，陪伴她的女房。

但初入宮做事的清少納言雖然已二十八歲，卻還是內向害羞的少婦，定子不得不多方安慰她、鼓勵她。在《枕草子》第一八二段中，清少納言記述初入宮廷時，見到定子之兄藤原伊周來訪的始末，當天下大雪之際，定子見兄長來訪，說：「積雪很厚，哥哥竟找到路走來。」伊周立刻引述平兼盛的歌曰：「山里積雪無道路，來人辛苦實堪憐。」於是在這種氣氛之下，女房們圍著伊周開始談話、說笑，羞澀的清少納言也經不起伊周的挑逗，加入歡笑群。她一方面難免羞澀以扇遮面，另一方面陶醉在周圍的笑謔與語言遊戲的氛圍，這是她從前做夢也沒想到的優雅與嬉笑的混合，她自覺昔日做賢妻良母時，可能就憧憬能走進這樣的世界。

另一次，有藤原行成者前來訪問，談話終宵，驀聞雞鳴，藤原以尚有公事匆匆離去。臨行，清少納言問：適才雞鳴，莫非孟嘗君之雞鳴狗盜者之技乎？藤原於翌日送來一封信，表示未能長談之憾，又說：孟嘗有雞鳴之技者，得以開關，是亦通「逢坂」（按：男女幽會）之關也。清少納言立刻以一首和歌覆之，歌曰：「食客雖然能雞鳴，關吏未必就開關。」表示：「你能坐到天亮，我也未必就和你親近。」評者謂女房而對貴公子，能如此堅持，且賦詩言志，確是佳作。

清少納言的《枕草子》，有些內容針貶當代惡俗、好事、多話、裝腔作勢之人。但有一大部分描寫她所仕的中官定子所主持的文學沙龍中的優雅歌會，及定子其人的大方深情，她對她的雇主定子是由衷地敬仰的。

清少納言另有許多和歌，表達了她的深情與纖細，如：「漁舟停在松島等好風，我也日日望春風。」率直地表達其等待情郎的心思；又：「早知早晚會忘我，止不住淚水又奈何」、「爾何薄義、讓我盼望，卻又不來」等等。和歌因字少，只能直率地表達，不能像《枕草子》那樣，散文可短可長，可以從容地說一個道理或一件事。

和清少納言同時代，也在宮中陪伴另一中宮（彰子）的紫式部，曾在其著作《紫式部日記》中批評清少納言：「凡事佔先，喜歡寫漢字，賣弄漢學，仔細看其作品，亦不過如此……。」事實上清少納言是寫隨筆的人，紫式部是寫小說的人，兩人最擅長的都不是和歌，和歌寫得比較好的，要推和泉式部（後篇介紹）。

中宮定子

定子以十八歲的年齡，嫁一條天皇為中宮，五年後其父道隆去世，朝廷權力轉移到同為藤原姓，但不同世系的藤原道兼及道長身上。道長將十二歲的女兒彰子送入宮為「女御」，翌年就升為「中宮」。而原來的中宮「定子」形式上升為「皇后」，但沒有娘家做靠山的皇后是無法有實質的權力的。她搬出皇宮住到鄉間，但不久生下敦康親王，這位親王原應繼承帝位，後來也被彰子的兒子奪嫡。天皇對定子情義未滅，屢次催其入宮，她後來又生了第二個女兒，產後一日，定子便發熱去世。日本自開國以來，皇帝雖都嬪妃眾多，但中宮只有一位，中宮即皇后的別稱。到了一條天皇之世，道長恃其權勢，請天皇另納其女為中宮，而尊稱定子為皇后，自此宮中有兩后並立，就多事了。

彰子納為中宮後不久，紫式部便由道長推薦入宮，為彰子的女房。但清少納言在定子皇后死後照顧了她的遺兒一陣子，就自誓不可溺愛子女，不必再嫁而離開了後宮生活。她侍候過定子皇后幸福的年代，也陪她度過住在鄉間「平保昌邸」的歲月，在這中間其堅強的意志，極高的才華，對定子幾同手足姐妹之情，使定子與她無話不說。定子去世後，享過榮華的清少納言，出宮住入「月輪山莊」，其所以選擇此地，因為山莊靠近埋葬定子的「鳥邊野陵」，可以說是生死相隨了。

老年的清少納言

據考證，清少納言曾撰寫《暗淡的藤氏》一書，成書後自覺與紫式部的《源氏物語》不能相比，乃自行燒毀，專心撰寫《枕草子》。《枕草子》的成書時間可能自她二十多歲時，即有零散的筆記。入仕後每每紀錄中宮定子周圍的女房與貴公子間吟詠談笑之事，以及自己與定子間的感情對話。出宮後心情沉重，多觀察天氣、風雪、花樹、星月等自然現象，及可笑、可厭的人事機微，發為寸評，其言往往寸鐵刺人。撰寫期間可能長達三十餘年，是其畢生之思想及感情體現，也因此口氣筆觸有的幼稚明朗、有的艱澀難懂，在所不免，但此類隨筆，在當時的日本，前無古人，實開日本文學史上的先例。數百年後，法國的蒙田（Michel Eyguem de Montaigne, 1533-1592）以隨性的素材，用簡潔的筆觸，犀利的語言吐露感慨，詮釋宗教，月旦人物人情，表達見解，撰寫《*Essais*》（按：原意「試寫」，後成為文學體裁之一種，稱「隨筆」）。他與清少納言，東西遥隔，時代不同，活在不同的文化裡，而寫出類似的著作，可謂文人所見略同。

一說認為清少納言出宮後削髮為尼，仍住兄長致信家中，兄長死後可能寄居某寺。據《古事談》之記載，她晚年零落，居住破屋，曾有貴族駕牛車從其籬笆邊經過，遥遥瞥見老病的清少納言，曰：「清少納言也會零落至此！」清少納言聞其聲，反喝：「可有識者，願買駿馬之骨？」

「駿馬之骨」典出《戰國策・燕策》：「君人有以千金求千里馬者，三年不能得。涓人言於君曰：『請求之。』君遣之，三月得千里馬，馬已死。買其首五百金，反以報君……期年，千里之馬至者三。……」意思是說：涓人替王找千里馬，買回來一副千里馬的屍骨，此事傳揚出去，天下皆知王愛馬，都送千里馬來求售。這故事暗諷求人才與求千里馬是一樣的道理，清少納言若真於老後發此言，其志氣干雲、其見識愧煞貴公子了。

和歌之魂

——和泉式部

王朝三才女中，清少納言以犀利的觀察和冥思撰寫《枕草子》，紫式部以極大的自負及野心寫《源氏物語》，這兩人都各有專長及不同的生活意態，其著作皆轟動當世，留名千古。但這兩人的專長不在和歌創作上，真正專寫和歌的詩心悲情，極和歌巔峰的是和泉式部。

和泉式部一生「出牆」多次，戀愛亦不斷，當時的權臣藤原道長批評她是「浮女」（按：輕薄女人）。但詩歌評論家多半從她情意中的悲思，認為她在戀愛過程中體會悲情，「在男人中行腳」是她的宿命，可視為「多情佛心」之女才子。她是天生的戀愛詩人，語言的洗鍊，乃由於從小受宮廷不斷的洗禮。

和泉式部之父大江雅致，曾是冷泉天皇的皇后昌子宮中的「大進」（事務官），其母亦為宮中女房，因而她自幼亦在宮廷中出入幫忙，不久嫁給了和泉守（和泉郡的太守）橘道貞，其名實來自丈夫的官名。道貞雖教養很高亦有才幹，但因式部不久與皇子「為尊親王」發生戀情，夫婦乃於生下一女「小式部內侍」之後，宣告仳離，據說，式部離婚後仍念念不忘前夫，他們的女兒小式部不愧母教，後來也成為和歌名家。據說有一次小式部參加的和歌會就要開始，公任定賴懷疑她會派使者到其母式部的居住地丹後，去請教機宜或抄幾首和歌回來應景，笑問她：「使者可回來否！」小式部當場以和歌反駁：「居地横越大江山，生野道路遥無期，迄今未見天橋書。」可見式部詩名大盛，大家都以為女兒必求取於其母，但那時小式部年紀雖小，已斐然成詩。其中「大江山」及「生野」都是到「丹後」必經之地；「天橋書」是天上來的書，因為很遥遠，不可能只為歌會就去請教。

和泉式部因在宮中幫忙，而皇后昌子多病，皇子「為尊親王」每來探望繼母昌子，就會見到式部，不久兩人墜入愛河。這位皇子據《大鏡》的記載，容貌光華，性情倜儻，交遊甚廣，但於二十六歲染病而亡。不久，式部移情第四皇子「敦道親王」，此時親王二十三歲，比式部小五歲左右。事情的開始是親王派人送一枝橘花給式部，式部見花而想起《古今和歌集》裡的古詩「五月待花橘，聞香憶古人」，乃答以一首和歌：「與其憶花香，不如問杜鵑，啼聲是否都一樣。」這首和歌的意思是：與其聞香憶古人，敢問你的聲音（情意）是否與令兄一樣？這話很大膽，但是式部是以愛情為性命的人。

以愛情為性命

敦道親王接到「返歌」也陷入不能自拔的戀愛，親王容姿雅正，有很高的詩才，可以說是和式部戀愛最適合的人。他顧不得避嫌，將式部接入親王府南院，讓正妃移居別處。親朋無人能接受他們的所作所為，但他們同居五年，活在「無天無地無親無友無道義」（評論家語）的戀情中。「加茂」節日，還共坐花車，捲起車窗簾，其華麗裝束，成為祭典觀眾奔走相告的新聞。這段日子，在《和泉式部日記》中有詳細的記載，日記中文字纏綿，也紀錄兩人之間當年唱和的和歌。如：親王看到紅葉變成深紅色，吟誦和歌的下句曰：「紅葉紅更深」（意指兩人的情更深了）式部立即吟上句曰：「以為白露過無痕」，意指原來以為這種交情如一滴白露很快就乾了，沒想到會像紅葉，愈來愈紅。這樣的情愛持續了五年，敦道親王於寬弘四年（一〇〇七）秋，以二十七歲的壯年去世。式部陷入絕望的谷底，她雖只是親王的情人，卻為他服喪一年，在這期間做了一百二十首和歌悼念他，這些和歌大部分收錄在《帥宮挽歌》中，泣血之情，文字之工，堪為和歌典範，聞者莫不動容。如：「從暗路走入暗路，願山月遥遥相照。」「走出山路，來到暗路，今生可得再相逢？」這兩首歌，好像她老早就睜著眼，明知是黑暗路，仍然走上去，所以她不是「誤入歧途」，是明知暗路而走上去的。她，現在悲傷，但並不後悔。

在她的日記中，有這樣歌：

「千鳥叫同伴，聲透冰冷天，曉月正光明。」

「仰首望青天，明知斯人不會從天降。」

「心思無盡時，獨看螢火蟲，似是我魂出軀殼。」

「此身原可捨，奈何曾經陪君子。」

最後一首的意思是：此身原可不要了，只是此身曾經是和他親近過的身體，不能自盡。這話說得大膽、明白，愧煞許多裝模作樣的女人。至於那首把河邊螢火蟲想成是自己出竅的靈魂的化身，標題是「被人遺忘」。其時她獨自坐船到明神社參拜，於河邊見到螢火蟲而作，境界清冷，心情淒絕，令人不忍。她是一個竭盡全部心意愛人、享受愛情、感受失望的女人，失望使她覺得情更高貴。

戀情詩魂

自然，如此深情的人，其情不只用在男人身上。式部曾與第一任丈夫生下一女「小式部內侍」，小式部曾以和歌反駁有人誣她歌會期近，定會請教母親，前已說過。由於式部很大膽地「經歷貴人之愛」，便有人問她：「這女兒到底是和誰生的？」式部不假思索以和歌回答：「世上何事有定論，誰能知道就知道。」其反應之速，口氣之伶俐，不愧才女。這首歌，後世評論家有諸多解釋，第一個解釋是生孩子乃女人的宿命，其因緣深淺非局外人所能知道或過問，故她給那局外人一巴掌，頂回去。第二個解釋小孩是誰生的，唯造化真正知道，你去問造化主吧！她寫這樣「厲害」的歌，只因此時已把生死都豁出去了。只看：「生前當細思，身敗命終時，無人懷亡人。」令人想起陶淵明的〈挽歌詩〉：「向來相送人，各自還其家；親戚或餘悲，他人亦已歌……」淵明寫詩，貌似淡泊，心實纏綿。式部賦歌，愛恨皆窮其極端，直言無忌，其同時代宮廷才女皆勿能及。唯千年後的與謝野晶子詩「我心戀君直高揚，親也渺小，道也渺小」差可比擬。

式部不但終生全心全意愛人、被愛；也認同別的女人有這樣的感情與遭遇。其〈燈前思花〉一首：「明知隔夜就凋零，惜看黎明前時花。」對於明早就會凋零的花，終宵惜別的心情中，可能把那一朵花看成是相識的女人吧！

王朝三才女中，紫式部與清少納言因年齡相近，又分屬於皇后及中宮兩位對立的勢力下辦事，雖然相識，較無情誼。和泉式部年紀較小，比清少納言小二十歲，在宮中擔任女房的時期大部分錯開，兩人性格相異，但也有互相認同、關心的經過。有幾首和歌，經認定是端午節日，式部與清少納言之間互相酬應的歌：

「菖蒲草，順水流，豈無回頭覓宿時。」
「回頭亦枉然，菖蒲已枯黃，不足做馬料。」
「菖蒲雖枯黃，良驥有心當回頭。」

第一首是式部勸清少納言，若遇君子應回頭重拾生活。

第二首是清少納言回人老了。

第三首是式部安慰她，若有心男人當會前來找她。

式部是熱情的女人，清少納言是冷靜思索的女人。式部眼中的男人分兩種：一種是值得愛的男人，另一種是令人不服的男人。但清少納言眼中的男人是：「男人或有容貌佳者，常見亦覺索然；有如名畫，放於身邊，久之令人生厭……」（《枕草子》第二九一段）。清少納言又信佛教，卻以美學的感覺酷批僧人、法師。在她的感覺中，男人是很難靠佛教得到救贖的，當然她也自知自己因戀愛而造孽，是不可「渡」的，但她以一種超世的胸懷看式部耽於戀愛的「美」，這是她做為詩人的靈感。式部曾替胞妹做了一首和歌：「終宵未得寢，看盡曙光吞曉月。」此歌收錄在《小倉百人一首》中，千古傳為佳作。

紫式部的《源氏物語》

《源氏物語》是一部不可思議的小說，它表面上好像是為日本「平安王朝」（七九四～一二〇〇）的宮廷及貴族文化、生活作注解。使用那時代的語言，依照那時代的風俗，讓那時代的男女相逢、戀愛、悲傷、作詩、傾訴、悔悟……，最後走到各人要或不要達到的終局。但仔細玩味，其中的人物似當時的人，而另有堅持；做當時的人常做之事，而別有懷抱；和當時的人一樣生活而表情不同，說當時的人說的話而語言別有所指……。

譬如同樣談戀愛而相逢或不相逢都是悲哀的，得意或不得意都是憂傷的，優雅或不優雅都是「無常」的。有人說它是《天台六十卷》的故事化，有人說它是《春秋》之筆，有人說它是《莊子》寓言的繁衍，而本居宣長（日本國學家）說它呈現「物之哀」。英國人阿瑟威利說它是世界最早的心理小說，阿瑟威利曾自一九二五年到一九三三年之間英譯了百餘萬字的《源氏物語》。小說家吳爾芙夫人（《奧蘭多》作者）看了譯文之後寫了一篇〈源氏物語論〉，但意猶未盡，又寫了中篇小說《一間自己的房間》（*A Room of One's Own*）。

紫式部的房間

《源氏物語》的作者紫式部是擁有「一間自己的房間」的女人，而做為當時中宮彰子第一女房（女官）的紫式部的房間應該是體面、寬暢，書桌周圍有許多和、漢資料書供其閱讀、寫作的。

紫式部，原名藤式部，因為在兩個場合上有人讚她姿容有紫色光影（按：紫，在當時有美麗的意思），後來大家稱她紫式部。她的家系自先祖藤原良門拜「内舍人四位上」（四品官）以來，代代為二品至四品官，到其父藤原為時拜「越後守正五位下」。代代為書香門第，不但做官、也是詩人，紫式部以女子而每坐在父兄講讀漢文之左近，以此其漢文之造詣超越乃兄云。

紫式部據推測出生於天祿元年（九七〇），卒於長和四年（一〇一五）享年四十五歲。二十六歲時嫁給族内「右衛門權佐宣孝」，時宣孝已四十六歲，有子與式部一樣大，式部對婚事本不熱衷，但其父以年齡已長，再三敦促，促成了這樁婚事，但宣孝於一〇一二年因疫疾去世。

一〇〇五年，紫式部三十三歲，當時藤原家系中最有權勢的藤原道長，將女兒彰子嫁給一條天皇為中宮，並力薦紫式部入宮為中宮身邊的「女房」。她並不喜歡到宮中去擔任這官職，但因為藤原道長是她父親的上司，她不好不順其意，勉強入宮，入宮之後也始終鬱鬱不樂。曾在日記中寫：「看看周圍，只感悲從中來。身在九重，心中也有九重之重。」

當時在宮中的女房，多半由權臣推薦進來，成為有力的大臣安置在宮中的耳目，而大臣為了保證女房對他的「忠誠」，往往推薦的是和自己有性關係的女子。據各種史料的說法，紫式部進宮前和藤原道長之間並無此類關係，但進宮後道長曾於夜間來叩她的房門。一說認為她始終未開門堅持自己的清白；但也有另一種說法，認為當時宮廷貴族的風氣，並不以「貞節」為高貴，紫式部是已婚的婦人，應不會「幼稚」到始終拒絕「照顧她的人」。

但紫式部入宮後，不久就和她的主人中宮彰子處得很好，她感覺中宮對她很好，中宮則尊敬式部之才學，言聽計從，兩人很快在微妙的宮闈生活中成為「盟友」。

中宮不久誕生皇子敦成親王，宮內外一片歡喜聲，尤其做為皇子外祖父的藤原道長，連開九夜夜宴，稱「產養宴」，慶祝其權力將愈加鞏固。但敦成親王只是一條天皇的次子，長子是皇后定子所生的敦康親王，這位敦康後來更因母親去世而被安排到中宮彰子的「御在所」同住，以便得到繼母的「照顧」。紫式部日夜看到這位明知前途茫茫的長子敦康，心中百感交集。

紫式部侍奉中宮彰子，似乎終生未曾離開，在這十年中，她目擊了掌權者的言行舉止，攀緣者的奔走辛勞，貴公子的意氣飛揚及失望。宮中生活的優雅、奢華、儀節，人情的微妙與險惡，權力的盛衰，諸行的無常……。相傳在這個時候她每見一事，每有感覺就記下來，成為後來的《紫式部日記》，也使其著作《源氏物語》感情愈深沉、意境愈高遠。究竟「源氏物語」是什麼故事？蘊含什麼樣的感情或心靈？架構在什麼樣的見識及意圖上？這些問題，一千年後的今日仍有許多學者在研究、索解，但是無定論。其所以無定論，乃因文字閃爍、詩意莫測，言事而有情，言情而喻人。指山水花月而意在事，談人際關係而別具胸懷，加以當年的語言風俗，後人不盡理解，宮闈中事，無人目擊，百般臆測，終無把握。有人說：名作之為名作，其難解處正是成其名之重要所在。信然！

從悲情到大悲

《源氏物語》的第一帖〈桐壺〉是這樣開始的：「不悉何代何年哪位天皇之世，眾多嬪妃中有集寵愛於一身的美麗更衣名桐壺，生下了一個美麗的男嬰後，因受不了眾嬪妃的妒忌，一病而亡。天皇深為悲悼，每見壺中秋草，垂淚終宵。……皇子成長，日見明亮而俊美，世人皆以『光君』稱之。帝為其將來設想，將之降為臣籍，賜姓『光』，名源氏。十二歲行成人禮後娶左大臣之女葵上為妻，但源氏見父妾藤壺容貌酷似亡母，頗有孺慕之心……。」

源氏十七歲時參加齋戒會，與妻兄「頭中將」及其他多人一起月旦（評比）女子之美醜，始知貴族女子之外，尚有各種美姝，為其生平未曾見識。翌日，他走訪妻子葵上（按：當年貴族女子婚後仍居娘家，丈夫可以常常走訪），但心情仍感空虛，乃找藉口訪問紀伊令官邸，意外見到紀伊令之年輕繼室空蟬，相對談話，凌晨才別去。自此他想念空蟬不已，得婢女之助潛入空蟬寢室，但空蟬聞薰香而知源氏來到，脱下上衣溜出寢室，源氏見不到人，自吟：「空蟬雖脱殼，樹上猶留餘韻。」

源氏經歷多次戀情後因挫折感患病，到北山去靜養，在當地偶遇也在那裡養病的父妾藤壺。兩人不期而親近，後來藤壺因此懷妊，兩人都自覺罪孽深重而苦惱不已。藤壺後來生了兒子，是為後來的天皇，天皇後來風聞自己是源氏之子，封源氏為「准太上皇」。但多年後源氏之另一私生子不知就裡與源氏之妻發生關係，源氏聞之深為懊惱，也深感輪迴報應之速，心中恐慌……。

百萬言的《源氏物語》，曾經是世界文學史上最長的長篇小說，其情節之大綱無法概述，即使概述也無法凸顯其多方的意念及心緒。但有幾件事可以概括地說：

第一，《源氏物語》所以成為如此重要的作品，乃因它表面上好像依照當時的風俗，呈現了當時可能存在的男女關係，但實際上它以高於當時的行為模式，深於當時的男女關係，塑造了事件人物。因而規範了後世的情感及行為，使後世的人不得不以更優雅的心態及自制的態度交友戀愛。譬如：書中的主角人物，不論男女都從不發怒，發怒的人都是反派人物，或身分卑賤的人。書中的女人以被動的姿態及心態接受男人的愛，順利時以詩歌向對方訴說戀情；不順利時以「戀愛本是罪孽」的理解接受「宿命」，寫一些譴責自己安慰對方的詩。發怒是醜惡的，即使是為對方所背叛或遺棄，寫給對方的詩也只能自怨命薄，祝對方前途幸福。這種戀愛感情，貫徹書中人物的情緒，成為後世的典範。

第二，書中的重要人物都是寂寞的，平日見春花秋月而嘆孤獨，別離時望關山阻隔而興嘆，見面時說「逢瀨」（歡會）之苦短，得意時思世情之無常，寂寞及悲苦代表人物之善感及優雅。紫式部死後，其女兒有和歌一首悼亡母，歌曰：「毋不願長住憂苦地，終成雲頂天上人。」可見在其女兒眼中，紫式部自己也是終生寂寞的，寂寞的人寫寂寞的書，傷心人另有懷抱。《源氏物語》這本書的讀者會受感動否？無從得知，但受感動最深的人無疑地是作者自己。

假定《源氏物語》中的重要人物的世界，在當年的宮廷中曾多少存在，作者無疑地是保留了這些歷史型像，卻深化了故事及人物的感情、思想及意義。在一椿一椿人與人的情感互動與悲情中，我們一直看下去，會有一種感悟，如寫悲情，寫到最後連悲情都變化，成為作者為所有人物感到悲傷，也向讀者傳遞悲情。似乎悲情累積為「大悲」，似乎「大悲」並不一定要透過佛學才能感悟，而是人類，或文學走到終極，也會走到這境界。

尼將軍北條政子

日本自建國以來，其國都「飛鳥」、「奈良」、「京都」在位置上偏於本州西部，在交通不便的年代，天皇或朝廷的統治只及於京畿地區，廣大的東北及南方的九州，一直由各地「豪族」控制，呈半獨立狀態。一直到一八六八年，明治天皇遷都東京，朝廷才比較有效地統治全國領土，但在西元前一千年左右，豪族雖盤踞各地，管束農民，並無任何豪族有力量能公然對抗朝廷或對天皇有什麼不敬的表示。

一一九二年，號稱「源氏武士統領」的源賴朝，以武力逼迫朝廷封他為「征夷大將軍」，在關東地方的鎌倉開幕設府，稱為幕府，「代替」朝廷治理國事，且掌握土地的封賞權，朝廷被幕府架空，從此進入鎌倉幕府實質上統治日本的局面。直到一三三三年鎌倉幕府滅亡。但不久又有武力強大的武士出來統領照樣施行，而有「室町幕府」、「江户幕府」的出現。

北條政子就是鎌倉幕府開創者源賴朝（一一四七～一一九九）的正室，她以其強韌的意志，勸丈夫取天下，丈夫死後，獨力支持幕府，解決府內權力鬥爭，保存了幕府的女強人。

源賴朝

日本的武士，在當年是地方的自衛武力，在京都是為朝廷及公卿所雇的軍隊成員而已，但時代變遷，武士不甘於長久屈居人下，曾屢次為天皇或上皇（按：當時是上皇有權的時代）效命，積功升官，後來也與公卿交往，侈然成為朝廷內一股勢力。當時在朝廷效力的武士團有二：一為「平家」，二為「源氏」。兩者勢力的消長本來保持微妙的平衡，但在一一五九年被設計掀起「平治之亂」，源氏的首領源義朝與平家軍衝突而敗，義朝在逃亡中為盟反所殺，留下三子賴朝、成全、義經及義經之母常盤皆為平家所俘。平家之首領平清盛本欲置俘虜於死，因其繼母池禪尼的求情而赦之，男子皆令出家，常盤收為妾媵。其中賴朝後來被放逐偏遠的伊豆半島，過了二十年的流成生活，在這期間奉平家之命監督他的當地豪族北條政宗，一方面監視他，另一方面也給以衣食。就在這時候政宗的女兒政子認識了這位表面上懶惰好逸、又到處拈花惹草的源賴朝，賴朝當時三十歲出頭，其貌平凡，在當時算已入初老之年，又是流亡之人，本無什麼可取。但據幕府編年史《吾妻鏡》的記載，政子雖出生於武士之家，但並不喜歡粗暴無文的「坂東武士」，而傾心於在京都住到十四歲的賴朝，也看準了其為「源氏」嫡裔的前途。少女政子，經不起情場老手賴朝的殷勤及說情話的本事，和他約會、親密，事情卻為其父政宗所知，政宗不願因女兒嫁給源氏「流人」而得罪平家，迅速將女兒許給平家派在伊豆管理平家莊園的山木兼隆，而且把婚禮的日子也訂好了。

政子夜奔

政子在婚禮的前夜，得胞兄三郎之助潛出邸宅，在風雨中奔走十幾里路，奔入寺院「伊豆山權現」與賴朝會合。當時的大寺院，院內常養著上百「僧兵」，官府不敢管，山賊不得入，儼然是治外法權的所在。兩人住在寺內，政宗不能奈何，一直到生了女兒，才邀外公前來抱孫女，父女、翁婿得以和解。

就在這件事的前後，京都的局勢有微妙的變化，源氏與平家相爭，源氏敗走後，在京都的平家獨大到無人能制的程度。實質上領導朝廷的「後白河上皇」雖然心機極深，卻用盡方法也無法阻止平家勢力的擴大及平清盛的跋扈。平清盛當時擔任相國，並提拔其子弟多人都盤據朝中要職，日子久了，平家以外的公卿大臣都敢怒而不敢言，都內甚至有謠曲曰：「非平家就不是人。」可見其在都內橫行，朝廷內目無君主的一斑。

消息傳到關東及北陸，武士們紛紛謠傳，朝廷已在設計除去平家，該是輪到源氏再起的時候了。這時候平清盛也聽到源賴朝在伊豆並不安分，到處結交武士，就派了一名大將大庭景親率三千兵來征討賴朝。賴朝身邊的兵約幾十人加上老丈人北條政宗的人勉強湊了約三百兵，其餘各地的豪族都口頭答應出兵，實際上是存心觀望，哪一邊佔上風就倒向哪一邊。在無路可退的絕望時刻，賴朝突然變成男子漢，使妻子為之一驚，他以三百人的軍隊直搗大庭景親的本營，不期敵營有備反攻追來，他的三百兵很快被衝散。賴朝及其左右僅以身免，但路上遇到救兵來到，賴朝策勵士卒，以疲乏之隊伍又直搗敵營，這次敵營未想到會去而復來，一敗塗地，賴朝對外宣稱已擊潰大庭軍隊，凱旋進入關東源氏的故鄉鎌倉，從此他以源氏武士的統領自居，整備軍隊，遥遥與京都的平家軍相對峙。

當賴朝兵敗而不知去向的時候，政子帶著一子一女本來寄居寺裡，聽到兵敗消息後，料定敵方必前來搜索眷屬，乃離寺逃亡，僅靠一兩名僕人到處尋找居處，支持了十幾天，後來得到賴朝反敗為勝已入鎌倉的消息，才狼狽來到鎌倉。這是她一生最緊張的一段日子，在這些日子中她警覺到自己嫁了這個人，大概一生都不會很平安。

在京都的平家，雖然聽說派出去的大庭兵敗，並未十分在意，他們認為以源氏那一小撮軍隊未必敢到京都來挑戰，依然過著他們太平得意的日子。他們不知那忍無可忍的後白河上皇已暗中下了密詔，命賴朝帶關東兵前來勤王，消滅平家勢力。

賴朝以鎌倉為根據地培養兵力時，其兩個異母弟成全及義經都聞風前來投靠；成全後來以「謀叛」嫌疑受誅，另一個義經就是成為歷史人物的源義經。他的生涯經過稗官野史的烘托，成為家喻户曉的名將兼義士，其後來為賴朝「逼死」的故事，更使大部分日本人痛恨賴朝的「刻薄寡恩」。一說認為政子在這階段故意離間賴朝與義經的關係，為的是心中已開始盤算一旦賴朝取得大權時，要讓娘家父兄及弟成為掌權的人。史學家對此說法並不認同，但事實的演變是賴朝成功後，政子即讓其父及弟陸續成為幕府的「執權」，掌握實權而使後來的「將軍」都被架空，這是後話。

兄弟反目

賴朝接到密詔，認為時機已經成熟，派弟弟義經等率軍赴京都「征討」平家；但賴朝一方面派弟出征，另一方面對這個弟弟也並不放心，特派一名心腹為「監軍」隨同前往。義經之軍五千，而平家眾兄弟之軍力幾倍於此，義經不得已採取奇襲戰法，但監軍屢以行軍應「正正堂堂」，不可採用偏方，兩人之間屢有衝突，監軍派人送信賴朝，語中多有對義經的不信任看法。

在一次奇襲中，義經穿越過相傳只有飛鳥能飛越的山峰「鵯鳥越」，從山上放馬奔下，突襲平家軍的背後而獲勝（按：此為日本戰史上的奇蹟），平家軍西逃入海以船隊作最後的決戰，義經也以船隊迎戰。在「屋島之戰」

役中，義經命部將那須與一射下敵軍船上旗杆的扇，藉此提高士氣，擊潰退到了「壇之浦」的平家軍，平家族人及主要戰將多數在此戰陣亡，其家眷婦女也皆盛裝跳海而亡，唯生過皇子的平清盛之女「建禮門院」由源氏軍從海中撈起，後來出家為尼，這個淒豔而慘烈的場面在名作《平家物語》中有很詳細的敘述。《平家物語》是敘述平家兩代人由極盛到滅亡的長篇小說，其文以「祇園精舍之鐘聲，有諸行無常之音韻。沙羅雙樹之花色，顯盛者必衰之理……」令讀者悚然而驚。

先是，賴朝在出兵之前，曾上書上皇，希望將來源氏軍若勤王有功，所有朝廷對諸將領之封賞，均由鎌倉方面列名建議請封之位階，以便朝廷照建議封賞。但義經凱旋回家時，後白河上皇故意不採鎌倉方面之建議，而自行封義經及以下諸將，諸將見義經接受官位，也就紛紛接下朝廷封賞，消息傳到鎌倉，賴朝大怒，義經帶兵回鎌倉時，賴朝命只准軍隊回來，不許義經入鎌倉。從此兄弟不見面，義經回京任官，一時成為上皇的寵臣，而賴朝則專心思索如何與朝廷爭權。

在這過程中，政子似乎有機會介入賴朝兄弟間的誤會，但她沒有這樣做，她可能心中暗喜他們兄弟不和，娘家的人將來才大有可為。她歷經艱難，目擊許多政治權謀，天生的政治頭腦漸漸成熟，也漸成為日本的呂后了（她是聽過漢高祖的呂后的故事）。

日本的呂太后

——北條政子

義經是一位軍事天才，卻是一個政治白痴，他一直以為自己和賴朝之間情屬兄弟，什麼事都好商量，他並不知這位兄長是滿腦子權謀，隨時可以「為大局犧牲親情」的人。在這中間，賴朝的正室北條政子也一直冷冷地看著他們兄弟關係的惡化，其實這對兄弟她一個都不喜歡，因為兩人都好色而到處留情。在京都，一個男人擁有幾個女人，在當時被視為當然的事；但在北方出生，成長於尚武家庭的她，不認同這種「風俗」，說來她可能是第一個主張一夫一妻制的日本女人吧。但雖然兄弟她都不喜歡，賴朝是她的丈夫，前途相關，而義經，可能成為她未來的絆腳石。

阿靜之舞

稍早，賴朝曾將「御家人」（部屬）之女小菊送到義經住處，說是送給他當妻子，義經恭敬接受，但終生對小菊沒有感情。義經出兵時又愛上一個平家的女子，而在京都時又另寵愛一個「白拍子」（按：男裝舞女）靜香。義經得罪賴朝而回京都後，上皇要他帶兵征討賴朝，義經到處募兵，但人人懼怕鎌倉不敢應募，於是義經無法回京暫時隱匿吉野山。此時賴朝也聽說了有靜香這個舞女舞技神妙，就命人將她找來，政子及賴朝的部屬都知賴朝又「聞」色心喜了。靜香來到，賴朝以祭神為由要靜香在眾人前表演歌舞，靜香此時小命操在別人手中，表面上似乎恭敬從命，但對政子提出了許多條件：要多少人的樂隊、要什麼樣式色彩的舞衣足裝、要怎樣型式的檜木舞台……，政子全部答應。

祭神之日，簇新的舞臺前圍坐幾百個武士，樂團已調好樂器，靜待女主角出現；俄而，從神殿的對面，全身雪白衣裳的靜香像流水一般不疾不徐地「流」進來。所有人看到她那安靜的表情，都為之一驚，前幾天滿臉恐懼的那弱女子怎麼變了樣？大家都以為，她只是藝高膽大吧。笛聲開啟了序曲，三味弦繼之，一聲鼓響，女主角開口唱歌，配合舞蹈：「吉野山，白雪覆山峰，遥想入山人，不知落何方？」全場開始騷動。這是應該在神前祈禱賴朝武運的場合，而靜香竟敢唱出懷念義經的和歌！而且義經此時已與賴朝反目，形同背叛！這女人好大的膽子！場內有人開始指責，有人主張把她拖下去鞭打！賴朝閉目無言，他心中相當不滿，他本來對這個美女是有些遐思的，没想到她竟然公開使他難堪，也形同拒絕了他的「好意」。「不要吵鬧！」政子一聲叱喝，樂聲於是繼續下去：「西樓月落花間曲，中殿燈殘竹裡聲，人在倉皇終不安，不在徒然傷別離，君去身影尚在心，何年何世才能忘？世上最難親子別，夫妻離散悲無盡……。」全場寂然無聲，人人皆為其至誠至悲及歌舞之美所感動，女強人政子此時流下眼淚……。

歌聲繼續：「阿靜啊、阿靜！紡輪可回轉，昔日不再來……。」一聲裂帛，歌舞結束。

武士們猶想說話，但政子搶先發言：「好精采的舞蹈，好深情的思念，這是從一而終的女子聲音，古之烈女亦不過如此！阿靜！舞得好，唱得好！就好好休息吧！」無人敢有異議，賴朝寒著臉，離席而去。

事後賴朝仍想殺掉靜香，但政子多方迴護，提出當年賴朝戰敗失散時，自己思念丈夫猶如今日靜香思念義經。「如今大人為武士之表率而殺貞女，非所以勸世也……。」於是賴朝命人將靜香安置在寺院裡，尋問義經下落，但靜香只說當日失敗狀況，其餘守口如瓶。數月後她產下一男，賴朝立即命人將嬰兒殺死，然後放了靜香，政子贈送布帛、銀子讓她上路。靜香後來定居天龍寺旁，一年後死亡，享年僅二十歲。事蹟後來被編成日本歌舞伎等各戲劇形式，流傳日本數百年。

打敗官軍

平家覆亡之後，賴朝沒把義經放在眼裡，卻專心與朝廷討價還價。他先是想把女兒「大姬」嫁給「後鳥羽天皇」，以便成為未來天皇的外祖父，但大姬拒絕後，後來不久死去。大姬原來有一個青梅竹馬的玩伴名木曾義高，義高是賴朝向木曾家要來做人質的，來時年僅八歲，與大姬出入相伴，玩在一起。但後來木曾家與賴朝發生衝突，賴朝毫不手軟將義高殺了，這時政子曾經介入，以義高已與大姬相好很久，為義高說情，但賴朝認為政治不能有私情，還是殺了義高。義高死後，大姬鬱鬱不樂，身體多病，十八歲而亡，十年之間未露過笑容。

賴朝到京都向上皇報告平家已經覆亡，意在請功，上皇明知賴朝志在「征夷大將軍」，卻假裝不知，封他為「近衛大將」。賴朝失望辭官回到鎌倉，自行大封其將領及東坂地頭為各地「守護」。一一九二年，白河上皇去世，後鳥羽天皇不得已封他為「征夷大將軍」，這是日本史上第一次有可以設府開幕的大將軍，從此「將軍」之權凌駕天皇，朝廷成為虛設之衙門了。

一一九九年，賴朝因病猝死，享年五十二歲，政子立刻立十八歲的長子賴家為第二代征夷大將軍。但這位長子身體孱弱，性格陰暗，只寵愛妻子「若狹局」，並親近妻父「比企能員」，卻冷落了隨其父賴朝打天下的諸將。這時，政子封親父北條政宗為將軍府之「執權」，其地位僅次於大將軍而可代大將軍發號施令。慢慢地，北條家人與比企能家人的衝突表面化，終於演成內亂。內亂的結果比企能員被殺，北條家勝利，北條政宗將大將軍賴家幽禁後毒殺，政子立幼子實朝為第三代將軍。實朝是一個浪漫主義者，他嚮往聖德太子的「憲法立國」，並不設法和屬下將士溝通，終日讀書吟詩，沉醉於和歌之修習。政子看著這個幼子的作為，不敢把政事真正交給他，只好自己振作精神親理萬機，旁邊只有父親政宗能幫她，但政宗於內亂之後自覺有愧，辭去「執權」職位，這位置就落到了政子的胞弟北條義將身上了；從此以後鎌倉幕府將軍之下的「執權」，代代由北條家人擔任。

實朝任大將軍之位時，朝廷見其尚恭順，多次封他官位，最後封到「右大臣」之官，實朝為此到鶴岡八幡宮祭神慶賀，當晚為人暗殺而死。相傳主持暗殺之人可能是實朝的侄兒公曉，而其背後有「執權」義時的支持。

朝廷本想討伐幕府，見幕府殺戮相繼，正有藉口，乃起兵號召討伐幕府，收回政權。

此時政子的形勢，正如同劉邦死後的呂太后，她見將士聞朝廷軍隊來攻都相顧失色，互相耳語：「朝廷軍自然是官軍，我們若與之對抗勢必成為賊軍，不如早早投降！」政子一方面激勵胞弟義時撐下去；另一方面召集將士發表了一篇宣言：「故征夷大將軍賴朝大人，奉朝廷之命征討逆賊平氏後在關東草創以來，與諸將士共享官位俸祿，其恩情高於山嶽，深於河海，其待部屬亦仁至義盡矣。近因奸臣進讒，朝廷下詔聲討，此無理之甚。願各將士同心協力，清君側以維綱紀，保全鎌倉幕府三世之基業。若有心想投降以博富貴者，此時此地，就請言明……。」（摘自《吾妻鏡》）在場將士見政子聲淚俱下，都同聲願為鎌倉幕府而戰。

朝廷臨時募來的軍隊不堪一擊，政子大獲全勝，但她剃髮為尼，卻繼續在「執權」義時的襄助下親自處理大將軍府的事務，人稱「尼將軍」。實朝死後，源家無適當的後嗣可任將軍，政子向朝廷請求派後鳥羽上皇之子來接將軍位置，上皇不肯，改迎賴朝遠親之兩歲兒子為將軍，此後實權一直操在政子及「執權」手中。鎌倉幕府歷一百五十六年，於蒙古艦隊來寇日本之後，瓦解而亡。

享盡尊貴而不幸的建禮門院

在平安王朝時期的日本，「院」是上皇、皇太后，及做過皇后的人始可享有的「稱號」。「建禮門院」，在三十歲前做過「女御」、皇后，生過皇子，成為國母，表面上享盡榮華尊貴，但眼看著生父平清盛與上皇之間的勾心鬥角，及丈夫皇帝的無可奈何，其一生可謂歷盡艱難、傷心、傷情，卻因地位孤高，無從傾訴，其實是一位極其不幸的女人。後世女詩人與謝野晶子曾有和歌一首，詠建禮門院的一生：「杜鵑悲，治承壽永為國母，三十讀經古寺中。」意指：「治承、壽永兩代中貴為國母的建禮門院，三十歲就削髮為尼，日日在古寺中讀經。」詩中透露惋惜與哀憐。

德子有德

建禮門院名「德子」，是平家大家長平清盛之女，出生於平家勢力盤據朝廷，莊園遍佈全國的極盛時期。那是日本對宋朝貿易最盛的時候，南宋的詩文、文物、絹絲等大量流入日本，有助於締造日本貴族生活的風流與奢侈。德子姊妹在這樣的環境中長成能詩能文、進退嫻靜的淑女；當時，德子的母親時子的胞妹滋子，是後白河上皇身邊紅極一時的妃子；十歲左右的德子看著姨母出入宮廷，雍容華貴的姿態，大概也可能憧憬那樣的生活吧。

永安元年（一一七一）十二月，經父親的努力，德子「入內」（嫁入）皇家為高倉天皇的「女御」（僅次於皇后的妃子），那時德子十七歲，高倉天皇僅十一歲。兩人兩小無猜過了幾年，於承安四年元月，天皇已十四歲，乃由女房右京大夫引導穿著整齊的天皇，正式「渡」（幸臨）訪打扮得如天女的德子皇后。據右京大夫的敘述，那場面「有如天上日月之光，人人稱羨。」當時德子的姨母「建春門院」三十三歲，已晉升皇后的德子二十歲，兩人在宮中行「茶道」，誦詩歌的場面，文辭豔麗，衣飾繽紛，傳為佳話。

治承二年（一一七八），德子誕生皇子，平家稱慶，慶祝的酒宴連綿四十九夜。

年輕的高倉天皇性格溫厚，舉止文雅，亦擅詩歌，但他身體並不健壯卻身近女色，而所近的女子多為德子身邊的女房（女官）。這些女房各有背景，譬如其中一人為德子之妹的丈夫與前妻所生的女兒，另一人為德子胞姐情夫之女兒，這些，在倫理關係上頗有瑕疵。無計可施的德子只好將自己最疼愛的女房小督，送過去侍候天皇，小督原也有情人，但皇后之命不敢不聽，怯怯地過去陪伴天皇。天皇寵愛小督的消息很快傳到平清盛耳中，清盛怒罵小督無恥，小督害怕，離宮出走，卻被天皇的近侍找回來，在宮中生了一女兒。極端害怕任何妃嬪先德子而生子的清盛，派人抓小督送到尼庵做尼姑，是時小督僅二十三歲，天皇為此臥病不起。

清盛怕天皇一旦死去，德子將失去權勢，連帶影響平家的前途，竟然和後白河上皇約定，如果天皇駕崩，即送德子入上皇之後宮。德子聽說了父親這項滅絕人倫的計畫，大為憤恨，叫女房傳話其父，表示自己將削髮為尼，病中的高倉天皇聽到傳聞，翌日死去。清盛拗不過德子，只好送另一庶生女入上皇後宮，但清盛與上皇之間此後仍發生許多齟齬，上皇亦曾被幽禁，最後演成上皇下密詔命源賴朝領軍討「賊」的局面。在這十幾年的宮廷角力中，上皇與清盛各懷私心，各有盤算，都想掌握權力，中間最苦的是天皇與皇后德子。尤其德子是內外煎熬，左支右絀，沒有片刻的寧靜，她名德子，也是亂世中最有德的女人。

平家覆亡

平清盛不久去世，而二十年來過慣尊榮富貴生活的平家武士，終不敵捲土重來的源氏兵團，自行燒毀邸宅向西敗走。元曆二年（一一八四）三月二十四日，平家軍在海上「壇之浦」全軍覆沒，將士及女眷全部投水自殺。日本NHK在二〇〇六年年度連續劇《義經》中，將這場女眷盛裝投水的場面，呈現成「落花之美」及「隆隆者滅」的悲情意態，令觀者落淚。

德子投水後被源氏兵救起，連同平家被俘將士一起送回京都；如何處置這位前國母成為很難的問題，最後右大臣藤原兼實發言：「歷來爭戰，結果如何皆不罪女人，宜安置於鄉間寺院裡，使其安度餘生。」於是改名「建禮門院」的德子，輾轉入居「大原寂光院」，在此度過三十年的「餘生」。在入寺之際，例須捐獻若干錢財給寺方，德子身無一物，只好拿出其子安德天皇之衣服捐贈。削髮為尼後，其日常用度則由其兩個妹妹每月送錢維持，兩個妹妹都嫁了地位普通的官吏，反而在這政爭中未被牽涉進去，得以為乃姊送柴米之資。

寂光院中三十年

在日本文學史上，可稱為稗官野史，或小說、或名作而敘述或紀錄了源氏與平家之爭戰，乃至平家大家族由盛至衰的經過，至少有數種：《義經記》、《源平盛衰記》、《建禮門院右京大夫集》、《吾妻鏡》、《平家物語》等等。其中最富文學性的《平家物語》的最後一卷〈灌頂卷〉中，詳細縷述建禮門院出家入寂光寺後的心情、心念、覺悟及行止。中有一節標題「大原御幸」，敘述後白河上皇於建禮門院入寺後一年，前來大原寂光院探訪這位過去的「兒媳婦」；上皇帶從人八人來到大原，「遥望西山，一宇寺堂，寂光院也。院前有池，院旁有木，瓦破而香煙繚繞，户落而月常透明……。」上皇不覺吟哦：「池水邊樹櫻已落，波上似花正當時。」入內，不見門院，老嫗說：「親自摘花去了。」上皇為之嘆息，此時門院回來，自言：「今日命運如此，為來世想，實是好事。」上皇見其面上表情冷漠，唯唯而已，竟說不出什麼安慰的話，繼而門院自述，自懂事以來，眼見平家眾人與朝廷之間的作為，自覺從天道淪入地獄，且經歷煉獄、畜牲、餓鬼等六道之輪迴，如今萬念俱滅，每日只為枉死的人誦經超度而已。

上面這段話見於名作《平家物語》中的縷述。但建禮門院有一個女房名右京大夫，這位女房也曾於秋十月到寂光院探訪門院。據右京大夫的記述，門院出家隨從只三人，從前如花似月的容貌已經完全變容，兩人相對，只右京大夫說話，門院一直默然，右京此時三首以感嘆時事之和歌奉上，但門院也未賦歌回贈。右京在其文集中說，據這情形，門院見上皇時不可能侃侃言其六道輪迴之事，一定也是默無一言。且上皇曾對門院有「亂倫」之意念，此時還來探訪，門院一定惡其厚顏，怎有心情和他說話！所以那些話，應是《平家物語》的小說家之言而已。

當平家在屋島打敗，向西逃亡時，逃難中因為住房不足，德子曾與乃兄同房，旁人誣其通姦，後來她投水自殺為源氏士兵撈起。也有小說《源平盛衰記》說她曾為源義經所污，因為義經之母常盤，曾在不可抗力狀況下成為德子之父平清盛之妾媵，而生了一女，義經此舉，是在心理上要報母仇云云。

若根據右京文集所敘述之德子之為人，這些事恐怕都只是道聽塗說而已。

德子生為權傾一時的平清盛之女，入宮為后，皇子一歲而強立為太子後為帝，但三年後敗亡，其一生極盡尊貴，亦歷盡苦難，她天生高貴，容貌美麗，一個女人如此過了三十年的半生，又過了三十年的隱居寺裡的後半生，歷史上不曾有第二個女人如此不幸。其實種種誣蔑皆因其父、其家族之為惡多端而起，但她生為女人，面對如此的家族又能如何?這是右京大夫的意思。

曾有後世文人，到大原寂光院徘徊良久，吟曰：「寂光院裡岩上苔，人間寂寞到此盡。」

「不問語」

——一個後宮女人的告白

「不問語」，是無人問而自語的意思。雖然無人問起，但有一個女子，願意將自己十四歲以後的生涯、遭遇、戀愛、喜悅、失意、悲傷、失望、出家……等的心路歷程寫出來，「以免日子久了，連自己的魂魄都不復記憶。」就寫了這本日記式的告白。因為只是為自己寫的，所以敘事，言情、悲嘆、傷心，皆出自然，沒有後來平安王朝女作家們的日記那樣絢爛多彩，才氣煥發，卻是平實地，感傷地，記述一生不由自主的遭遇，真誠、無偽。這是一本，女子無掩飾，不諱言，坦然表白自己的日記。其價值在作者做為一個女子，不矯情，不為自己辯解的真誠的語態。

四歲入宮

她，名「二條」，父親是官拜大納言（尚書）的久我雅忠，母親曾在後深草天皇宮中擔任「典侍」的「局」（局是房間，獨自擁有房間的女官亦稱「局」），生了二條（一二四三）之後就去世了。

後深草天皇三歲即位，做了十三年天皇後，奉父命讓位給堂弟龜山天皇，成為很年輕的太上皇。二條於四歲時入宮與後深草上皇同住，當時上皇才十九歲，每天抱著二條叫「吾子」，稍大，二條從上皇口中得知，自己的母親原是上皇初戀的情人。

二條十四歲時得上皇寵幸，從此開始寫《不問語》。翌年，親父雅忠病亡，她不顧腹中有孕，悲哭終日，痛不欲生。此時與她娘家有親戚關係的西園寺實兼殷勤安慰她，西園寺比她大九歲，此時正在政壇展露實力，從此以後西園寺照顧她如兄長，也同時是她的情人。在日記中，二條以「雪之曙」之名記述這個人。生了上皇之子後，不久又在宮外悄悄生了西園寺的女兒，正好西園寺之妻也同時生了一個死產兒，這女兒遂成為西園寺家中的女兒，傳說就是後來的「來福門院」，後來也成為天皇的女房。

遊移

二條與上皇生的皇子二歲而亡，她覺得這是她的心情在上皇與西園寺兩者之間遊移不定所招來的天罰，但她也無法放棄任何一人。在《不問語》中她記述：「住在家中時，每於西園寺離去後躺在猶有餘情的床上，遲遲不能起床。等他來時總聽著報時的鐘聲，邊泣邊想起此事如果傳入別人之耳，將如何做人。也常常想起上皇的身影，但一旦住回宮中，又總恨上皇召幸別的女人，覺得情意愈來愈淡了。不如斷絕所有恩愛，像西行大師一樣行腳拜佛……。」這時二條才十七歲，出家的念頭還只是念頭而已，但二十年後，她會真正走上這條路。眼前她一方面悲嘆，另一方面，仍然在宮中過著華麗的生活。

由於上皇實在是愛她，出門時常常犯禁忌與她同車並坐，對這事最介意的當然是上皇的皇后。皇后盛怒時也曾禁止二條在宮中出入，眼看禁不了就與上皇攤牌，寫信給上皇，若不斷絕二條，自己只好出家。但上皇每次都替二條說話，安撫皇后，始終庇護二條。

但二條的苦惱還不只此，上皇有弟「性助親王」，在仁和寺出家為「阿闍梨」（學僧），時時寫信給她。一次信中附歌曰：「曉起為摘佛前花，衣袖已濕夢未醒。」二條見之，心似有感。後來為上皇有病舉辦祈禱會，二條與親王就在暗夜佛像前結合。二條是一個任何場合都為對方存臉面的女人，這是她終生的弱點。這事發生之後，親王無節制地追求二條，使二條轉而害怕他，在日記中寫上：「有明（親王別名）實可恨、可怕……。」但親王來信，聲言：「不知是何種魔緣，心中始終想念，即使今生想開了，來生也必淪入惡道，遺恨無窮。」但二條極力避開，關係曾中斷一時。四年後，親王又回來哀求二條，上皇在附近聽到泣訴之聲，竟也泫然，特許兩人相見，且為之安排兩人之間的兒子。不久親王感染疫病，就此去世，留下辭世之歌：

「吾身與思就此煙消，念煙霧飄向何方。」

出家

之前，二條在二十二歲時，失去了其叔父，又與外祖父因故斷絕來往，就此舉目無親，無人照顧，當年，入宮的女子是需要人「照顧」的。這「照顧」包括可倚為後援，及時常接濟金錢，因為女房或妃子在宮中開銷繁多，除了衣服、珠飾之外，尚有宮中的應酬，對下人的賞賜等等，她們若沒有外來的後援，在宮中是很難「做人」的。此時上皇已五十歲，見她孤立無援，就替她找了一位官拜「近衛大殿」的藤原兼平做她的「保護人」，為此還提拔了兼平的兒子，教他學唱歌。拿人家的錢，難免手軟，古今皆然。這意味二條就必須在某方面遷就「保護人」，二條與別的女房不同，竟為此悶悶不樂，而更悶悶不樂的還有西園寺。

二十六歲的二條，上有上皇，旁邊有親王的糾纏，又因上皇的另一弟「龜山院」也常來信，而引起各種傳言，皇后對她的嫉妒則有增無減，她心身俱疲，決心要退出後宮。

據通史《增鏡》的記載，二條在三十一歲時曾在西園寺的女兒「永福門院」出嫁的行列中，以較低的三條的身分出現。她肯如此委屈參加婚禮，令人猜想那女兒是二條和西園寺的女兒，半年後，二條決心出家，穿上尼姑的衣服走上行腳之路。

從行腳回來時，二條已三十六歲。因上皇召見而兩人有從容說話的機會，「二條尼」向上皇陳述自己多年來在各地寺院中修行的經過，也說到她在行腳期間心無旁騖，沒有做出什麼對不起上皇的事情，兩人相約，「來世再會」而別。和歌集《千載集》中有一首標示「某尼」作的歌，歌曰：「卻忘此身憂，竟許來世緣，聞之亦可喜。」

嘉元二年（一三〇三），上皇病重，二條希望再見上皇一面，曾走訪西園寺，央求代為安排，當時也已出家，號「北山入道」的西園寺，凝視二條良久，說：「我大概是年老糊塗了，不大記得你……。」二條微笑而退。

同年七月十七日，上皇駕崩，「御所」周圍警衛森嚴，武士們夜間點燃烽火。入夜出棺行列從大內出發，秋月正明，地上露濕，行列從深夜走到破曉才走到山陵。有人看到行列最後面有一尼，亦步亦趨，走到鞋子壞了，赤足強行，足上血跡斑斑，但她始終跟著，遥遥望著棺車。這一段話是二條日記中最動人的一段。

二條四歲入宮為上皇之女兒，十四歲得上皇之寵幸，上皇對她如父、如夫之愛，使她終生感動。繼而遇到西園寺，她在《不問語》中，形容這個人：「新近共枕，其人深沉有志。」從這人身上她得到如兄如師的照顧；繼而有親王及「保護人」。

現代人讀二條的事，難免認為一個女子一生中經歷這麼多男人而侈言真情，莫非是欺世之言。但如果能設身處地去理解那時代、那環境中的女人遭遇，如二條成為上皇之「女人」，雖得其寵愛，而這樣的身分一生不可能嫁一個名正言順的丈夫。只能進而在上皇默許下，或甚至背著上皇結識能相互訴衷情的男人，而且每次都掏出肺腑，真心相與，其生也哀，其情也苦，只是在不能自主的無奈中尋求慰藉罷了。而終能坦然在書中寫出其生涯歷程，也算是言常人之不敢言，千迴百思，總覺自己能面對所作所為而無愧於心吧，只此誠實之心，足以千古了。

室町幕府的女諸葛

——北條登子

日本歷史上出現的三個幕府，依次為「鎌倉幕府」（一一八三～一三三三，源賴朝所建立）、「室町幕府」（一三三八～一五七三，足利尊氏所建立）、「江户幕府」（一六〇三～一八六七，德川家康所建立）。其中「鎌倉」與「室町」兩幕府在年代上幾乎相連接；事實上建立「室町幕府」的足利尊氏，原是「鎌倉幕府」體制內的一名大將。而最巧合的是「鎌倉幕府」的創始人源賴朝的正室是北條政子，而足利尊氏之正室也是北條門閥中的女兒北條登子。

原來自源賴朝創建鎌倉幕府時，其過程多得岳父北條時政之助力，是以鎌倉幕府的將軍代代封北條家之人為「執權」，形成後來「執權」之權力凌駕「將軍」權力的局面。一三〇六年，第十六代執權由北條守時就任時，其實幕府已走到末路，連執權的地位都只是形式而已了。當時北條守時將比自己小十一歲的胞妹登子，嫁給屬下部將足利高氏（後來改名尊氏），乃因足利高氏名雖部將，實為一群大武士團的首領，北條不得不討好這個人。而這個足利高氏也確是很厲害的人物，據《太平記》記載此人器宇宏大，有識見，野心也大。

足利高氏

元弘元年（一三三一），後醍醐天皇發動兵變，舉軍於笠置山，鎌倉幕府命高氏領軍敉平，將天皇流放到隱岐地方。翌年，天皇潛出流放地，再度舉兵，於是高氏又奉派要出兵去打天皇軍。高氏是好將領，能打仗，但上次奉派出兵時，他正服父喪，而這次又奉派時，自己正在生病，他對於一再被派去與名份上是「官軍」的天皇軍對陣，心中並不樂意。據《太平記》的記載，他在計畫行軍之前已決定要背叛鎌倉幕府，因此原計畫是要帶著妻登子及兒子千壽王一起走的，但幕府本就疑他，叫他留下妻兒，且簽署誓文發誓沒有貳心，才帶兵出發。

據推測，他出發時並未把心中的打算告知登子，才會有登子後來倉皇出走的局面。「謀及婦人事必敗」是中國的古訓，高氏可謂徹底遵守了這個原則，但做妻子者情何以堪！

高氏出發後三個月，有人告知登子，其夫將背叛幕府投降皇軍，登子此時心中毫無準備，但她知道自己有兩條路可走。第一策是將丈夫的叛意告知胞兄北條守時，守時是鎌倉幕府的「執權」，她向胞兄告密，即等於表態要留在娘家，與丈夫決絕了。這是一條比較安全的路，因為她即什麼也不必操心，在胞兄的庇護下與兒子生活下去。但她此時可能已隱隱感覺幕府已走入末路，斷然決定要潛出鎌倉，去找丈夫。

高氏背叛的謠言，已傳遍幕府內外，而登子母子的逃亡，證明了這「謠言」是事實。新田義貞所率領的皇軍從三面攻來，而高氏已叛，外無援軍，幕府軍的形勢極為不利。元弘三年（一三三三）五月十八日上午十時，雙方開戰，而戰況不利於幕府軍。守時力戰到身邊只剩三十餘騎，決定自殺，對領軍南條高直說：「勝敗乃兵家之常，但幕府及北條家也未必就此一敗塗地，但我有胞妹婿反叛幕府，將來無顏見幕府將軍，也不願投奔胞妹，苟全性命。今日願在此切腹而死，願諸君繼續奮戰，維持百年來的幕府。」言罷切腹而亡。

如果，登子在得知丈夫背叛幕府時，選擇留在鎌倉與胞兄一起留守幕府，其結果將如何？這是一個很詭異的問題。依照當時日本人的忠義觀念，如果留守而打了勝仗，登子或會失去丈夫，但可能隨著胞兄活下去。但如果幕府軍輸了，足利高氏固然是幕府的罪人，而登子及守時是高氏之妻子及妻兄，當然也會被埋怨沒看好高氏，其能恬顏生存的機率是很渺茫的。據此，可以推論登子當時選擇投奔丈夫，表面上好像是妻愛丈夫，當然如此。焉知不是心中已判斷勝方必是丈夫？因為她素知丈夫是沒有勝算不會輕舉妄動的人。

元弘三年五月二十二日鎌倉陷沒，半個城市成為灰燼，登子的娘家一家人，有的戰死，有的自殺，死亡殆盡。但登子沒有悲悼的時間，因為局勢急轉直下，她的周圍在發生巨變。

原來足利高氏背叛鎌倉幕府，打敗了幕府軍，與原屬皇軍的楠木正成等迎駕回歸京都。此時高氏位居有功人員第一人，經後醍醐天皇賜名一個「尊」字，於是改高氏為尊氏，稱足利尊氏，並受封為「武藏」、「常陸」、「下總」三地的太守，但尊氏心中卻未以此為滿足，積極整兵修武擴張勢力。

先是，鎌倉幕府雖已滅亡，但長期擔任幕府執權的北條宗族，仍在各地擁兵自重。天皇為推行改革，派皇族護良親王為征夷大將軍率領諸將勤王，但護良因知尊氏陰有不臣之心，暗想除之，結果反被尊氏誣告謀反，天皇畏尊氏之勢盛，只好將親王幽禁。北條軍閥到處橫行，天皇派尊氏前往征討，尊氏要求擔任征夷大將軍，朝廷不許，僅封其為「征東將軍」。尊氏帶兵剿滅北條後竟不回京覆命，停留在鎌倉，任意將各地分封給他的部將，將原在那土地上的守吏趕走，天皇知尊氏已叛，命楠木正成出征。

楠木正成是日本史上第一號忠臣，迄今事蹟載在小學課本上，是日本無人不曉的人物。其誓死出征，並在「櫻井之驛」訓誡兒子囑他要從承父志剿滅國賊的話，大義凜然，一直是日本國史上家喻户曉的好教材。

楠木父子

相傳楠木正成於一三三〇年便明志願為朝廷效力，當時後醍醐天皇在落難中，夜夢自己在大木之南找到安身之地，乃召見豪族楠木正成效命。又有一說，正成想效忠而不得覲見，乃在宮園木上刻上兩句漢詩：「天莫空勾踐，時非無范蠡。」天皇見之，心中甚慰，知日前雖落難，猶有謀臣相佐。

正成是有謀略的將領，曾有著作《甲陽軍鑑》，人稱是日本的《孫子兵法》。他奉命與尊氏轉戰多年，尊氏雖與正成為敵，言談之中尚頗為尊敬正成之才略氣度。兩人攻戰多年，互有勝敗，一次尊氏寫信派兵持送楠木問他：「閣下素稱知兵，為何明知此仗必敗而仍打下去？」正成回信：「世上有可打可不打之仗，也有勝敗皆須打下去的仗，為其大義之戰故也！」尊氏默然。

關東武士過去受過幕府之恩惠，皆希望重建幕府，是以多附足利尊氏，楠木父子前仆後繼，父子皆戰死。尊氏為方便計與朝廷議和，擁立次代天皇，並得拜為征夷大將軍，設立「室町幕府」。而後醍醐天皇不滿尊氏所立之天皇，率近衛軍入吉野山，號「吉野朝廷」，從此與京都朝廷並立為「南北朝時代」（一三三六～一三九二），計傳位四代，歷五十七年。史書《太平記》就是這段歷史的紀錄，後世有詩人藤井竹外以漢詩詠嘆此事：「古陵松柏吼天飆，山寺尋春春寂寥，眉雪老僧時輟帚，落花深處說南朝。」

登子的心機

在各逞謀略的時代，女人也有女人的謀略。登子是足利尊氏的正室，尊氏建立幕府，成為征夷大將軍之後，她順理成章成為幕府的「御台所」（後宮女主人）。她設法使自己生的兩個兒子，一個成為鎌倉公方（將軍），另一個成為室町幕府第二代將軍。即便是大將軍的正室，要做到這些，也是很需要心計的。早年，她聞知丈夫要背叛鎌倉幕府時，迅速帶子逃亡，此時高氏的女人應有五、六人之多，所生兒子也有四、五人之多了。她們都不知高氏要背叛的事情，因此延誤逃亡時機，有的被殺，有的則兒子被抓去殺頭。仔細想想，為何高氏要背叛，只登子一人得到消息？合理的答案是消息被登子封鎖，或故意延遲了，女人與女人間的鬥爭之可怕可見一斑。後來，登子以外的側室或情婦，陸續失歡，有的連所生的兒子都未能獲得生父的承認。就最後的結論而言，高氏的兒子中活到成人的只有三人，其中兩人是登子所生的基氏及義銓。另外一個名直冬，年紀最大，但自幼被安置在寺院中寄食，後來還俗從軍立功後高氏認他為子，但對他仍然冷淡，為此高氏的胞弟直義看不過去，認他為義子，這個義子在日後父親與叔父反目時，為叔戰死。《太平記》記載登子的事情不多，但從周圍的人的遭遇，可以看出登子這個婦人有多深沉的心機。

戰國美女阿市坎坷一生

中外歷史上，有很多王室、貴族、大臣、世家的女兒基於政治聯盟或消弭戰爭的原因，由父兄家長作主，將之嫁到盟國、敵國，甚至異族中去。這些女子，多半美貌多才，到了夫家之後，有的亦憑其手腕，反客為主，進入權力中樞，生子之後成為皇太后或國母；有的則得到寵幸傾城傾國；當然也有不得權、不得寵，一生以淚洗面的。但，不論得意或失意，處在異國險惡的環境中求生存、求得意，都是頗費心計，煞費周章的事。這中間最費心事的，莫過於如何平衡夫家及娘家對自己的支持及重視，而不引起兩個家的不滿，亦不引發任何一家對自己的猜疑。戰國之雄織田信長的胞妹「阿市」，便是這些事努力做得很好，卻自己最後落得自殺而亡的悲劇女人。

戰國之雄

十五世紀中期，室町幕府出了一個較賢明的大將軍足利義尚（一四六五～一四八九），但義尚若年而亡，此後歷代將軍皆無甚能力，而且幕府內部內鬥無已。是時朝廷早已被幕府架空，而幕府本身也已無能力號令天下，於是日本國成為實質上無中央政府的狀態，大小諸侯互相攻伐，擴張領土，成為「戰國時代」（一四七六～一六一五）。

當時，朝廷的統治權雖然已名存實亡，但各大諸侯在爭霸中得意之後，所需要的仍然是上京見天皇，獲得天皇形式上的封賞，才能挾天子以令諸侯。各藩地理所在不同，其帶領軍隊上京的路程遠近形勢各有不同，這些都是為了上京必須要排除的困難。為了這樣的考慮，尾張藩的少主織田信長也一直尋思上京之路，就在這時候，有一個大諸侯今川義元，為了要上京必須通過尾張藩的領地，乃率大軍四萬，準備以兵力強行借路。當時各地諸侯都看好今川軍隊之實力，而尾張少主織田信長素有乖僻之惡名，今川大軍已到尾張邊境的消息傳來時，信長正張酒宴、舞猿樂。他自己作歌詞，自己舞蹈，邊唱：「人生五十歲，難比天地之長久，有如一場夢幻……。」復唱兩遍即離開酒宴，號令隨從大騎，步卒二百人急奔而出，其餘正規軍隊都聞訊才準備出發，跑得上氣不接下氣，在半路上追上信長。信長一生征戰，都是自己說走就走，讓軍隊在後追上他，稗史如此說，其性急及不耐，後來成為他致命的原因。他先到熱田神宮奉納誓願文，此時邊境的小城鷲津及丸根已被敵軍攻陷，烽煙已可望見，信長到「桶狹間」附近，大聲下令見敵即戰，然後迫近敵營。

此時，今川義元得悉先鋒已打勝仗，以為暫時無事，乃在營幕中張宴飲酒，軍隊亦未備戰。值天降大雨，雷鳴隆隆，淹蓋了兵馬接近的聲音，信長的軍隊得以長驅直入，一鼓作氣，擊潰了今川軍隊，今川義元亦在亂戰中戰死。

信長打敗了大諸侯今川的軍隊，威名大震，朝廷亦派使者來敦請信長上京，為天皇修繕宮舍，於是信長儼然有天下之志。但他要去京都必須經過「越前」地區，這地方有兩個諸侯朝倉氏及淺井氏。信長經過考慮決定將胞妹阿市嫁給淺井長政，以減少一個敵人，增加一個盟友。阿市原不願嫁，對其兄說：「你不要以為把我嫁出去，我就在那邊成為你的眼線，女子嫁了人，就會變成那邊的人。」對此，信長說：「我一向知你心志不凡，你若能如此，我就放心了。」

阿市嫁過去，淺井長政誠懇地說：「你我雖因戰略原因而結婚，但既成夫婦，願終生珍惜緣份，做真正的夫妻。」阿市看長政温文儒雅，不像武夫，聽了這話，心中感動。據傳說，阿市是戰國時代第一美女，她的唯一的肖像畫迄今留在高野山持明寺裡，其窈窕之姿令人神往。長政成長於多山的小國，幼受嚴父之保護，性情在某一方面比阿市還要温和。婚後夫婦散步於温泉小徑，曾有一段幸福的日子。

心繫娘家

但三年後（一五七〇），織田信長聯合德川家康攻打朝倉義景時，長政卻順從父意，與朝倉聯盟而與織田軍對敵。此時，織田還以為淺井應會助己，或至少保持中立，所以孤軍直入向朝倉軍接近。此時，有軍士送來一袋可以食用的豆子，是阿市送來「勞軍」的。信長一見那袋豆子，袋口緊綁，袋底亦緊綁，立刻會意，妹妹是警告他，自己腹背皆受敵了。阿市，面對胞兄可能涉險的局面，畢竟未能完全坐視不管！信長見袋，立即下令退軍，倖免一次災難。據野史傳聞，長政後來知道是妻子警告了信長，但温和的他認為妹救兄亦人之常情，一直假裝不知。

三年後（一五七三），信長又整大軍，攻擊朝倉軍，朝倉義景兵敗自殺，淺井長政之父也自殺以殉故主朝倉。剩下長政處於既不能戰也不能降的尷尬局面，織田信長派人到淺井領地幾個小村落放火，意思是叫長政不要守城了，下來和郎舅一起打天下吧，但長政對此未作回應。此時，最難過的是阿市，她知丈夫絕非胞兄的對手，但她也知道丈夫決不會背亡父之志投降信長。最後，長政與來攻城的織田部將木下秀吉（按：後來的豐臣秀吉）達成協議，讓阿市及三個女兒回舅舅家，自己則焚城自殺，阿市一邊哭喊一邊被侍女抬出了烽火城廓！

梟雄面貌

疼愛胞妹阿市的織田信長，在其他方面是一個殘酷寡情的人。他將自殺死亡的淺井長政的頭顱骨漆成酒器，命木下秀吉以此器飲酒，秀吉為討好主君，連飲三器大叫好酒。此時，在一旁的阿市發飆，把秀吉罵得一無是處，離座而去。秀吉的拍馬屁畢竟有用，他後來積功升遷，成為織田的繼承人。

但信長其實也早就知道這個貧民出身的秀吉，只可叫他打仗不可叫他治天下，秀吉能奪得天下是因為信長意外早死，尚未安排後事的緣故。

信長性格暴躁，不尊敬傳統及風俗，曾因京都比叡山的僧人不服從，即派兵火燒比叡山上寺院。比叡山在日本是百年佛教聖地，寺院燒卻，舉世哀慟，都詛咒信長必然無後。此外，他意氣用事，曾因猜忌而誅殺前來投靠的足利義昭，義昭當時還頂著室町幕府將軍之銜，事後眾諸侯均表不服。他曾聘用代表幕府前來談判的使臣明智光秀，明智溫文儒雅，博學多識，每見信長暴躁便婉言相勸，信長恨之，一次竟以拳頭毆打明智。為此，明智懷恨在心，又見他對朝使說話剛愎無禮，心寒不已。一五八二年春夜，信長為征伐毛利藩，夜宿京都本能寺，當時他將諸將派往駐軍地，身邊隨從只幾十人，明智光秀得到消息，夜襲信長，信長死於寺內。

木下秀吉得到消息後，想到最早將明智擊敗為主公報仇者，必可成為殘局的盟主，迅速移動軍隊，殲滅了明智軍隊。織田信長麾下的將領本以柴田勝家為首，至是失去先機，只好退而娶阿市（按：此為織田早已默許）回到自己領地。但木下東征西戰擴大領土後，不但逼殺織田之兩子，也不放過柴田，兩人終難免對陣，而柴田在城陷之日與阿市面對面雙雙自殺而亡。阿市死後，木下改名豐臣秀吉，將阿市的三個女兒之長女「茶茶」取為側室，將次女嫁給部將，將三女「阿江」（此時已有丈夫）嫁給德川家康之繼承人德川秀忠。事隔多年，於一六一四年十月，豐臣秀吉已亡，其孤子豐臣秀賴，被家康父子圍在大阪城內與其母「茶茶」（此時稱「淀君」）一起自殺而亡，其妹「阿江」並未能救得長姊。

阿市的女兒

——亂世三姐妹

在日本戰國時代（一四六七～一五七〇）中，第一次以武力統一日本的「戰國之雄」織田信長，有一個人稱天下第一美女的胞妹名「阿市」。信長為了戰略原因將這妹妹嫁給了淺井藩的少主淺井長政，但信長希望透過聯姻，使淺井藩成為盟友的希望並未實現。最後雙方交戰，淺井長政在戰敗自刃前，將妻子阿市及其三個女兒送出城外，令她們投靠阿市的胞兄，三女兒的舅父織田信長。一五八二年，信長為其親屬明智光秀所弒，戰亂中，阿市再嫁信長的首席部將柴田勝家。但不久，信長的另一部將豐臣秀吉與柴田勝家為爭奪織田的繼承權而戰，柴田戰敗，阿市這次堅持與柴田一起自殺，兩人死後三個女兒歸豐臣養育。長女名「茶茶」，後來成為豐臣第二代豐臣秀賴之母，改名「淀君」。次女名「阿初」，另名「靜子」，於一五八四年由豐臣秀吉作主，將她嫁給名門（也是諸侯）京極高次，她後來在三姊妹中發生舉足輕重的作用。三女名「阿江」，在三姊妹中年紀最小，卻最早嫁人，第一次嫁尾張大野之城主佐治一成，第二次嫁羽柴秀勝，第三次嫁了德川秀忠，三次婚姻都是豐臣秀吉所主導。但這三個姊妹的婚姻，最終皆成為左右日本局勢的權力者的配偶，甚至影響當時的局勢，改變了日本歷史。

目前（二〇一一年度）的日本NHK大河劇《江，公主們的戰國》就是以「阿江」為中心，展開諸侯混戰、女人掌權的歷史長劇。

淀君的悲劇

阿市三個女兒歸豐臣秀吉保護之後，豐臣屬意長女茶茶為側室。茶茶之母阿市在世時，豐臣是一直垂涎阿市的，但阿市是主公之妹，豐臣在那個年代還只是部將之一而已。身分懸殊之外，豐臣綽號「猴子」，生得獐頭鼠眼，每見阿市，阿市對他不屑一顧，他也自知癩蛤蟆不必指望天鵝肉。形勢演變，他意外成為阿市三個女兒的保護人，他心猿意馬，屬意茶茶；茶茶起先也不喜豐臣，但畢竟在人屋簷下，終亦經不起豐臣厚臉討好；豐臣的計畫是把茶茶的兩個妹妹趕快嫁出去，孤立茶茶，才好得手。所以第一個就把才十幾歲的三小姐阿江嫁給佐治一成，但不久佐治病亡後，他又將阿江嫁給自己的繼承人外甥秀次，旋又收外甥為養子。但豐臣收茶茶為妾之後，生了一個兒子，秀次自知豐臣既有親生男嗣，自己已無可能繼承及其位置，開始自暴自棄，終至為豐臣所詰責而切腹自殺。此時豐臣已六十歲的人，自知日薄西山，看著尚在幼年的兒子豐臣秀賴，心中不安，又見德川家康雖然表面稱臣，但城府很深，深藏莫測，為了討好家康，又將阿江嫁給了家康之子德川秀忠。此時秀忠十七歲，阿江二十三歲而且是第三次婚姻，在後續的豐田與德川的角力關係中，長姊茶茶做為豐臣秀賴的母親，面對做為德川家媳婦的妹妹阿江，將會經歷許多，又愛姊妹，又想保護姊妹，又覺在婆家難做人的局面。而二姐阿初一直夾在長姊與三妹之間左右斡旋，成為調和日本政局的人，也算很辛苦了。

茶茶嫁豐臣秀吉為側室，雖然得寵，但秀吉有一個糟糠之妻，此時稱「北政所」，專斷家事，而豐臣又是懼內之人，所以初期茶茶並不得志。但生了豐臣家唯一男嗣之後，形勢漸漸改變，茶茶不把北政所看在眼裡，兩個女人對立的形勢尖銳化。一五九八年，豐臣秀吉病重，將後事託於重臣德川家康、前田利家及石田三成（一五六〇～一六〇〇）等人而歿。石田是死忠派，看著德川家康假情假意，實際上心懷叵測，認定德川終必不利於豐臣家，力主與德川開戰。此時七歲的豐臣秀賴是豐臣家的主人，七歲兒童什麼也不知，當然凡事都由茶茶（已改名為淀君）與石田商量決定。淀君原是沒什麼見識的人，總以為丈夫雖不在了，但許多部將皆是丈夫生前眷顧之人，必會始終支持其子秀賴。事實上形勢並非如此，許多將領及諸侯已暗中與德川家康通款，以保身家，而淀君不知形勢之險惡，姿態傲慢，大失人心。

如果，德川方面是由當時已襲位大將軍的德川秀忠作主，秀忠或會聽老婆阿江的話，善待豐臣遺族。但德川家康雖然已將「大將軍」名號讓給兒子秀忠，卻仍掌握大權，心中早已決定必須把豐臣家滅掉，斬草除根，德川家才能長為日本霸主。

石田三成看透德川的用心，認為委屈終不能求全，主動發動戰爭。德川家康看石田蠢蠢欲動，故意對外說有事要離開大阪，然後率了軍隊就走了。石田正是等著這個機會立即發動，但德川說外面有事是假，實際上他已布好陣地，專待石田來陷入陷阱。石田一動，德川立刻回軍攻擊，這場仗史稱「關原之戰」，史家議論，是豐臣與德川爭天下的關鍵點。一仗打下來，石田一敗塗地，切腹而亡，雖然石田再三聲稱此役是他個人之戰，與豐田秀賴及淀君都無關係。但德川（東軍）與豐臣（西軍）講和時，約定要將大阪城周圍的濠溝填平，填平之後大阪城已成為地理上毫無防衛的城了。

直到此時，淀君還以為戰事結束後，德川會尊重秀賴是故主之後，不會為難。慶長七年（一六〇二），德川家康受朝廷封，任征夷大將軍，遣使命豐臣秀賴到江户城來拜賀，阿江力勸乃姐命秀賴前往，以保身家，秀賴也以晚輩身分去了。德川不但待以晚輩，且待如部屬，秀賴也認了，德川見秀賴很識相，無隙可乘，就勸淀君為亡夫祈福最好修繕佛寺。這是一條很毒的計，目的在消耗大阪城內貯藏的大量黃金，使其無軍需金可以打仗。天真的淀君以為這是好主意，且可藉修繕佛寺回復丈夫在世時風光，她為此耗了三百萬石的銀子，幾乎傾家蕩產，而這佛寺卻招來了災禍。

火燒大阪城

大佛寺修好，大鐘也吊上去了，鐘銘是「國家安康」，由望重內外的書法家寫的字。但諸事妥當之後，德川家康卻派使者來責備，這「國家安康」是將他的名字「家康」，從中切成兩半了。大阪方面大驚，派人謝罪，立刻換銘，但家康不肯干休，要求秀賴須移封到伊勢地方，或淀君要到江户城來當人質。大阪城是豐臣秀吉營造的根據地，離開大阪城到伊勢，是淀君絕不接受的，雖然淀君兩個妹妹都勸姊姊暫時忍耐，等待家康死後再說，但淀君不肯，往來談判終無結果，家康心中暗喜，終於有藉口可以把豐臣家消滅了。

多年前，豐臣家勢力還超越德川時，德川家康曾將孫女千姬嫁給秀賴，當時少年夫妻年齡尚在十歲左右，談不上夫婦關係，況且淀君不把千姬當媳婦，而把她當人質，將之隔離在城中另一角落。據野史稗官之言，秀賴稍長，想走訪千姬，侍婢居然就要去向淀君請示可否，當時秀賴大怒，喝叱：「丈夫要去找妻子，有什麼好請示的！」

戰爭自始就是一面倒的形勢，眼看大阪城不保，豐臣的重臣大野治長，將千姬送出城外，希望千姬能回到娘家去為淀君母子求情活命。淀君的二妹阿初（後來稱「常高院」）也奔走於兩軍之間，並力勸淀君接受德川條件暫時忍耐。但所有的請願、求情，都在德川家康堅持為了德川家的未來，必須消滅豐臣後代的想法而無效。「大阪夏之陣」及「大阪冬之陣」二次戰役打下來，大阪城已經著火燃燒，淀君與秀賴雙雙在武士環繞中飲刃自盡，死在猛火中。淀君的兩個妹妹遙遙看著大阪城為衝天的烽火所吞噬，嗚咽不止，時為日本元和元年（一六一五）五月四日。

女教徒細川葛拉西

旅遊家馬可波羅（Marco Polo, 1254-1324）在其著作《遊記》中除了亟寫元代中國的富庶神奇外，有一段談到日本的地方，說日本是「充斥金銀財寶的天賜福運之地」。這些傳說在歐洲傳開之後，引起了歐洲航海家紛紛前來東亞探險，他們於十五、十六世紀之間來到印度，登陸菲律賓，登陸中國澳門，也來到日本的長崎、平户、堺港。來到的人除了貿易商人之外，也有荷蘭的醫生，更有基督教的傳教士。織田信長容許「南蠻人」傳教之後，基督教漸漸在日本低層階級中得到信徒，因為當時來自歐洲的船都繞經南洋到日本，日本稱那些船為「南蠻船」，那些人為「南蠻人」，基督教會堂為「南蠻廟」。傳教雖然經過許可，但信教的人通常偷偷摸摸，不敢公開承認，那第一個以貴族身分而承認信教的人，是諸侯細川幽齋的媳婦阿玉。

阿玉

阿玉是明智光秀的女兒，自幼受良好教育，和漢詩文均能朗朗上口。

當時正想有所作為的織田信長，為了增加盟國，慫恿部將明智光秀把女兒嫁給當時有「學養日本第一」之稱的細川幽齋之子細川忠興。阿玉以十六歲之若齡嫁給同年齡的細川忠興，本來不情願結婚的忠興一見阿玉之美，就熱烈愛上這個妻子。但不久明智光秀在本能寺攻殺織田信長，旋又被木下秀吉所攻殺，阿玉蒙上「叛將之女」的惡名，其本人固然難過，其丈夫忠興尤其難以做人。忠興在壓力之下把妻子送到一個山野荒涼之地隱居，算是已與妻子分居，希望事情能漸漸淡化。但細川藩有些「嫉惡如仇」的武士，竟聚集約四十個人來到其隱居之地，要求阿玉為了夫家的令名自殺。阿玉是一個意志堅決的女子，反問：「爾等此來，可是奉主人之命來的嗎？」這些武士原不是奉命來的，不敢回答，阿玉見狀冷然說：「我是不會自殺的，你們希望我死，只好動手殺我！」武士見其威嚴如昔，只好退去。

此事之後，阿玉好幾日非常難過，常常以淚洗面，她身邊有一侍女，有一天突然小聲對她說：「在這世上受苦，是為了累積上天之寶。」「此話何來？」「是基督教會裡的宣教師說的！」

阿玉開始認真體會這句話，在侍女的引介下她見到神父，受洗後成為基督徒，但她的苦難剛剛開始。

禮畢匕首見

織田信長死後，織田麾下的諸將爭戰不休，爭奪龍頭地位，重新洗牌後，木下秀吉成為織田的繼承人，並改名為豐臣秀吉，受朝廷之封爵，自稱「太閤殿下」。豐臣聽到細川忠興與妻分居的消息，表面上裝大方，「賜爾妻無罪，應恢復夫妻同居」。忠興得令將妻子接回來，但他心中實有更大的不安，因為豐臣以好色聞名，集大權於一身之後常常召見諸侯的妻室，軟硬兼施，淫人之妻毫不慚愧，阿玉知丈夫擔心的是這件事，對丈夫說，在我身上這事絕不可能發生！

果然，豐臣派使者來召見細川夫人，夫人一點都不慌張，打扮整齊，便入大阪城謁見豐臣。豐臣見她來堆下滿臉笑容，直說不必多禮！但夫人從容跪坐，深深一禮，抬頭時只見一把匕首從懷中掉了下來，夫人不疾不徐地伸手拾起匕首，慢慢放回懷中，然後一聲「告辭」走了出去，豐臣看得目瞪口呆，此後未再召見細川夫人！

夫妻之間

細川夫人與丈夫之間還有一場戰爭要打，那是信仰之戰。忠興雖慶幸妻子平安回來，但妻子得罪了豐臣的事情一旦傳開，忠興很怕豐臣會找題目為難他。而信基督教是一件可大可小的題目！他想必須讓妻子放棄基督教，但這事已經爭論多次迄無結果。一日忠興橫了心，持劍抵住妻子的咽喉，問：「是要信教，還是要命？」夫人神色鎮定，反而將咽喉送上來，深邃的眼神一直看著丈夫，忠興受不了了，大聲問：「到底怎樣？」夫人徐徐地說：「我為信教，死可無悔，但良人為了怕豐臣而殺我，不知也能無悔乎？」忠興長嘆一聲，放下了劍，急步而去。

忠興心中還有一絲不甘，就是覺得妻子愛基督教甚於愛自己，世上怎會有這樣的教，令人信到這個地步！他做出各種掙扎，想把妻子從基督教那邊搶回來。但他愈和妻子多談教義，就愈覺得那教義有一種以前沒有想到的神祕。他為了打開談話的範圍，把自己半生所見所聞的世界告訴阿玉：地球上有歐洲、美洲，那是基督教來自的地方；但那地方據說有文明、文化、文學、科學、詩歌、男女交遊的風俗……。他的意思想告訴妻子，世上可欣賞、喜歡的事情很多，不必要執著於一種宗教。阿玉很喜歡聽丈夫敘述這些外面的事情，但世界的多樣及複雜，似乎並不能使「信上帝」這件事變得「無趣」。夫婦不斷地討論宗教的價值及世俗知識的價值過程中，忠興一直無法理解妻子為何能那樣堅決、那麼崇高地相信「神」或任何理念，但在一旁看著這對夫婦的忠興之弟興元，卻不知不覺受到了嫂嫂的影響，變成了基督徒。對此忠興之父只說：「你們隨自己所相信的去相信吧。」這個態度在當時的日本貴族世家裡，是很難得的。

佳人之死

一五九八年，君臨天下，享盡富貴的豐臣秀吉去世，留下了五歲的孤兒豐臣秀賴及其不大懂事的母親淀君。一直偽裝臣服於豐臣的德川家康，開始藉各種名義東征西討，肆意支配攻下來的領土。豐臣麾下的諸侯都密切注意豐臣及德川兩陣營的勢力消長，懷抱著擇「優」而仕的心情。豐臣的股肱之臣石田三成力主與德川開戰，打了幾次仗，豐臣節節敗退，秀賴已從「天下之共主」降為一般諸侯。而最後一仗眼看就要開打，石田要求凡是豐臣累世之臣，應將妻子送入大阪城內做為人質，以示沒有貳心。

細川藩是一向與德川交好的，忠興已經準備帶領軍隊去參加德川陣營，但他家居大阪附近，無法舉家遷走。此時阿玉已有兩女，長女十一歲，次女兩歲，她自知不理石田之要求，不遷入大阪城做人質終究是不可能的。但她事奉上帝，蔑視人間爭戰，已對丈夫許諾決不妥協，基督教是禁止信徒自殺的，忠興也已有所安排。

忠興留下其平日最信任的部屬「小笠原」，囑咐他：「一旦有事，要迅速解決。」言罷，揮淚而去。

石田派一向與細川家有連絡的尼姑來放話：「請夫人來見秀賴，以表臣禮，我們也會以禮相待。」夫人叫尼姑回覆：「奉主人命，須堅守家園。」但石田一再派人來催逼，眼看戰火也已燃燒到大阪了。小笠原對夫人說：「奉主人命，只好拒絕到底！」於是夫人穿上禮服，施粉、戴冠，叫小笠原：

「可以了。」此時夫人站在屏風之後，小笠原在屏風那邊，抄下長槍，一聲：「屬下放肆了！」長槍刺穿屏風，夫人將咽喉迎上槍刃，一代佳人流血而亡，時惟一六〇〇年夏六月。

翌晨，奧剛狄諾神父，帶著骨灰罈來收阿玉的骨灰及遺物。神父在教堂裡為阿玉舉行莊嚴的葬禮，教堂周圍點滿蠟燭，罈上寫上阿玉的法名「葛拉西」（**Gracia**，意謂感謝天主之恩）。從此史冊上稱她為「細川葛拉西」，是第一個日本女人而有拉丁名。

幕府女強人

——「春日局」

日本最後的幕府政權開啟於德川家康拜征夷大將軍之一六〇三年，結束於德川慶喜奉還政權於朝廷之一八六七年，歷十五代，共二百六十五年，史稱「江户幕府」，亦稱「德川幕府」。這時代的特點是日本在威權統治及鎖國政策下，獲得兩百餘年的大體上的安定，但也在封閉中，失去了參加海外殖民的機會，以致一時成為落後於歐美列強的小國。

在十五代世襲將軍中，有兩人一般都稱為「英主」：第一人是德川家康之嫡孫，德川秀忠之嫡男德川家光（第三代）；第二人是第八代將軍德川吉宗。春日局，是家光的乳母，鎮坐幕府「大奥」（後宮）四十年，權傾內外，敢作敢擔，完全符合「女強人」這種後世的稱謂。她，原名叫「阿福」，是齊藤助利之女。

可憐的阿福

齊藤原是美濃藩主土岐氏之家宰，後來主人為屬下弑殺，齊藤出奔，側身於明智光秀麾下。明智殺織田信長，與木下秀吉對仗而敗亡，齊藤亦受誅，阿福一時惶惶不可終日。阿福曾患天然痘，是麻臉，當然不是美女，其姊卻是美人，早早就嫁了，嫁的是佐渡太守稻葉正成，是母方的親戚，但姊姊生了兩個兒子後一病而亡。母親看著始終嫁不出去的次女，頭腦一轉，就把她嫁給姊夫，算是姊亡妹繼，稻葉因為是再婚，又是岳母作主，勉強接受。

阿福新婚不久，發現丈夫身邊四個妾，個個都比自己漂亮，個個都比自己得寵。一年後，她生了一個小孩，心中略感安慰時，目擊一妾極其狐媚的樣子，無法忍耐，將妾打死，丟下未滿一個月的孩子離家出走！她回到娘家，每天無所事事。忽一日在街頭看到告示，原來大將軍德川秀忠生了嫡子，徵求乳母，她向來胸厚乳大，生子未滿一月，乳汁正多，立即應徵，而且獲得入選。她是中級貴族之女，官員之妻，身分沒有問題，曾經殺妾，她也承認，但她大聲批判妾之狐媚及無禮，連徵人的官員都為之捧腹，立即將她帶回江户城。

她第一次看到竹千代（後來的德川家光）時，想起自己拋棄在夫家的兒子，心中激動，用力抱了小孩，竹千代之母阿江見之，認為阿福必會疼她的兒子，安心把小孩交給她。從此阿福以疼惜自己兒子的熱情，照顧這個小孩，後來感到自己在「大奧」之內，形勢太孤單，把自己的兒子也接進來做竹千代的伴讀，又把丈夫叫進來，一起侍候小主人。竹千代之後，阿江又生了次男，取名「國松」。

力護幼主

竹千代，心志尚武，讀書甚慢，容貌没有乃弟國松英俊，性情也没有國松温順。漸漸的，秀忠夫婦都比較偏愛國松，臣屬們見主人臉色説話，紛紛讚美國松的聰明伶俐。竹千代愈來愈孤僻，而到了青春期，也不接近女色，而偏愛姣童，阿福百般逗他親近女子，他就是不肯。在十幾年的時間裡，阿福的羽翼已成，情報網也已建立，她已頗能掌握後宮的情勢，但就是無法使將軍夫婦，明白聲明將軍之位將來由誰繼承。她看出再等下去，國松會脱穎而出，毅然決定要走訪竹千代之祖父德川家康。家康已於多年前將大將軍之位，交由兒子秀忠繼承，自己則離開江户城，居濱松城，優遊歲月，另一方面還常牽制兒子，要他照自己的意思施政。阿福悄悄走訪家康，告以秀忠有意傳位國松，家康但頷首，告以稍安勿躁。

數日後，家康以狩獵順道來訪為名，來到江户城，在城中飲酒作樂。家康交出「大將軍」之銜之後，自稱「大御所」，暗比太上皇，秀忠雖踐大將軍位，但在老爸面前始終抬不起頭。家康叫孫子竹千代過來坐在旁邊，國松看到也走了過來，想擠到爺爺的另一邊。這時家康制止國松：「這位子是大將軍坐的，你將來要成為你哥哥竹千代的臣屬，不能坐這個位子。」國松不情願地退了回去，坐在一旁的秀忠夫婦臉色鐵青，不敢說話。他們這才想到，家康此來是來決定第三代繼承人的，他們瞟了坐在末座的阿福，阿福若無其事。

群臣知道家康的意思，都轉而奉承竹千代及阿福，阿福此時不但已成為「大奧」主宰者，也因人人都知她會成為第三代將軍的左右手，都來巴結她。

覲見天皇

大將軍學習過去權臣將女兒嫁給皇家，成為外戚的先例，將女兒嫁給當時的「後水尾天皇」為皇后。皇后遲遲未生男子，卻生了一個公主，秀忠嫁女之意本就希望能為未來皇帝的外祖父。眼看皇子遲遲不來，心想歷史上皇女繼位為女帝者也不乏其例，何不如法泡製。後水尾天皇知道秀忠的心事，屢次欲退位，皆為大臣所阻。無法再等待的秀忠，於是派阿福到京都去求見天皇「疏通」此事，朝廷之例，無官位者，不得見天皇。而阿福在將軍府做乳母，在朝廷眼中，屬於無職者，為克服這層困難，阿福認朝廷某大臣為義兄，以大臣義妹的身分覲見天皇。她委婉表達將軍之意，以優厚的條件（包括送未來上皇金銀等），勸退後水尾，事畢之後，還蒙天皇賜封為「春日局」，「局」是女官官位。從此以後，江户城内所有人，皆尊稱她為「春日局」。其實天皇封她官位，只是為了不願留下曾經見過無官女人的紀錄。

竹千代正式被指定為繼承人，後來也正式繼承為第三代將軍之後，阿福對國松及國松之弟忠長的監視並未放鬆。忠長後來忤逆了乃父秀忠而被監禁，臣下無人敢發言為他緩頰，咸認為是無人敢去得罪阿福。秀忠死後，忠長兩度被放逐監禁，最後自殺而亡，表面上兄弟相剋的背後，似有阿福的用意在。

強取神女

後宮競爭的第一線是：誰推薦的女子若能因侍寢而生下大將軍之子，誰就有出頭的機會。阿福天天都為此到處物色美女，但將軍家光即位後，仍然天天只與美少年在一起。

一日，伊勢神宮（奉祀日本開國神祇天照大神之神宮）之神女慶光院，為了報告院主繼承始末來見家光，慶光院是宰相六條有純之女，十七歲。享有「慶光院」這等院號的神女，通常是第一級貴族或皇族之女，宣誓過終生為神女，每日過著齋居素食的生活，其身分十分神聖。但家光見過此女後，卻發瘋似地對阿福說他要這女子做他的側室，尋常狀況下，屬下會力勸主人不要有此企圖，因為這是很逾越常規，不好看的事情。但心中只知有家光的阿福，竟真的把慶光院關在城中不讓她出去，之後逼她還俗，留長髮、侍寢。這個女子後來成為側室，阿福卻又擔心將軍之傳人，不應是公卿之女的腹中子，為此一直讓她服避孕藥。這位後來稱「萬之方」的側室，果然終生沒有生小孩。阿福是武士之女，她始終堅持，武士之女才可以生將軍的傳人。當時的日本，朝廷的大臣稱公卿，幕府的臣屬稱武家，兩者互相猜忌，但有時也互相利用。

阿福活到六十五歲，因病而亡，當時家光才四十歲，哀慟如喪親母。實際上，家光的親母秀忠夫人偏愛國松，家光一生未得母愛，卻在阿福的呵護及約束中感到母愛。據說，阿福生病時，醫師及看護圍著她，每天開出許多藥方，煮了許多藥要她服用，阿福統統倒掉不服。因為早年家光患天然痘時，她曾經向神祈禱，若讓家光服藥而癒，她自己願終生不服藥，因此她堅守對神的諾言，終生不曾服藥！「春日局」這名詞，後來在日本成為女強人的代名詞。

舞伎阿國之戀

日本京畿地方的賣藝人，不論唱歌的、演戲的、雜耍的，都到四條河原來搭木屋，或露天表演，收取些費用餬口，因此這地方以熱鬧的娛樂場出名。但在這裡表演的藝人卻是有一搭沒一搭地辛苦度日，因為下雨不能營業，吹風不好營業，官方有事隨時禁止營業。發生了什麼騷動打架也遭查禁，內容違背「善良風俗」也遭查禁之外，帳篷木屋、舞臺裝置也會被沒數，而女藝人露臂，可露到幾寸，全由官方自由心證。這行業，真是朝不保夕，這還是德川家康剛統一日本，統治的勢力尚不十分強大的天正、慶長（一六〇〇）年間的事。後來根本就以「風化」為藉口，禁絕女性藝人公演了。

就在這個夾縫年代裡，四條河原的雜草地上有一個木屋，木屋屋頂上插了一面旗幟，上書「天下一阿國歌舞伎」。阿國，從十幾歲就跟著歌舞班到處流浪演出，備嚐辛苦，十幾年來在河原庶民觀眾之間也建立了一點聲望，「天下一」（天下第一）的旗幟，雖有些誇張，並非毫無根據。阿國出生於日本本州西南的出雲山區，山巒蜿蜒，中間有斐伊川貫穿其間，這地方是日本開國神話中的「日本武尊」殺死大蛇之地。「出雲大社」是奉祀日本開國神祇的神殿，山與雲與河川構成一片透著神祕的景色，阿國曾經是出雲大社的巫女。她的父親是在斐伊川上流淘鐵砂的工人，阿國幼年時也在川上汲水，終日在河邊岩石上跳來跳去，汲水、提水、轉身，又躍到沙洲，不知不覺練成了那輕靈舞蹈與巧妙擺腰的基礎。她十一歲時就跟著父親在無鐵砂可淘時，到周邊神社寺廟表演「念佛舞」，娛樂來寺進香的人，賺取一點賞賜。數年後，她嫁了一個會打鼓的丈夫，奠定了以鼓聲節制舞步的基礎，但似乎不久就與丈夫分離，單身帶幾個女藝人來到四條河原搭木屋，表演歌舞，從此時開始，人人稱這唱舞為「歌舞伎」。

事實上，河原上的表演業很不穩定，停演時藝人都紛紛打零工以餬口，而女藝人的零工則是賣身。平日，男人來到這繁華地兼風化區，有的是為了看戲，有的是為了找妓女，這些男人是支持河原繁榮的部分經濟來源。傳說阿國本人，後來的情夫也是透過賣身認識的。和別人不一樣的是阿國不管做什麼，心中始終有一股熱情和憧憬，要以舞藝立身問世。

舞伎之心

「阿國歌舞伎團」偶爾也有豐收的季節，大拜拜時、過年時，有那大官貴人或豪門巨賈會差人來約她們到府邸去表演。到豪邸去表演，賞賜多，賜膳也可吃到魚、肉、海苔等平日無緣吃到的珍味，團員都很高興到豪邸表演。但阿國卻看到，也知道，這些人其實瞧不起她們，他們以上等人的姿態，看著這群「乞食藝人」耍寶、逗笑，看過後有時候連一句「演得很好」的客套話都不說，賜錢、賜膳有如施捨，讓她們就坐在地上吃飯。但河原木屋裡的觀眾就不一樣，他們從薄薄的口袋裡掏出五文錢買票進場，看戲時候的熱情、狂歡，看阿國出舞時的崇拜的眼神，使阿國陶醉、忘我。阿國覺得這些人才是真正的看戲人，是知音，因此她寧願在河原表演，如果錢夠用的話，也可不必上豪邸去低聲下氣，但錢是常常不夠用的。話說回來大官如果看了之後對她們有些許好感，也會有保護作用，讓她們不受吏役之凌辱。

在她三十一歲的時候，她兩度得到皇妃及皇太后的召見，入宮表演。這兩次，阿國站在檜木架建的舞臺上使出渾身解數舞得淋漓盡致後，在皇妃面前哭得喘不過氣。她太興奮、太高興，在檜木舞臺上表演，是她一生追求的目標，她沒想到可能達到。「檜木舞臺」在日語中除了表示以檜木架構的舞臺之外，也表示藝人達到頂峰的榮譽。皇妃溫顏嘉勉，使她覺得，她就此死去也無遺憾了。

她會想到死，另有原因。十多年前，她已單身跑江湖時，遇到了一個吹笛的男人，名叫「名古屋山三郎」。山三郎是世家子，原是武士身分，但後來失業落魄，淪落到在繁華街徘徊，吹笛子自娛。阿國第一次聽到他的笛聲，如受重擊，俄而見那人向她走來，笛子聲拍節清楚有不可抗拒之魔力，她不自覺隨著笛音踏步、旋轉，舞了起來。這是命運的邂逅，從此兩人成為公開的情人，到處一起走，一起表演。他的笛音和她的舞步，天衣無縫，成為「阿國歌舞伎」的賣座節目。她失去了前夫的鼓聲之後，得到了笛音，使她的舞藝更精進、更有意涵、更完美、更轟動，日本史上的「歌舞伎」此時正一步步走向完成之路。

但是經過十幾年的相處、相得、相知，及藝能上的天衣無縫的合作之後，山三郎不告而別，留下傷心的阿國。阿國沒有哭、沒有派人到處找他，也沒有怨他薄倖，因為她明白，他可能是又找到工作了。

從數年前，阿國每次接到大官貴人之約，上豪邸表演時，她就發覺，平日靜默寡言，有些高傲的山三郎一見到高階武士，就姿勢很低，多有討好的言語。她心知山三郎是在尋找人脈，希望尋到工作，恢復武士身分，他絕不會是能在戲班裡吹笛子過一輩子的人。她早明白，終有一日他會離開她，只是沒想到會離開得如此突然、斷然，未留下一句話。

當然，山三郎是不會帶她一起走的，一個體面的武士怎能帶一個舞伎去履任新職？其實，即使山三郎開口要她同行，她也不會答應的，她雖愛他，但她更愛跳舞，更存心要完成「歌舞伎」。她是天生的舞者，如果當年有「藝術家」這種名稱，她一定自認為是藝術家。

四條河原，愈來愈成為京城遊藝、演藝的中心。在這裡「阿國歌舞伎」是一枝獨秀的演藝，其所以一枝獨秀乃因有阿國這位天才藝人，每天，許多戲迷來到這裡要瞻仰那遠近聞名的「出雲的阿國」。但有一天，歌舞進行了很久，始終看不到阿國出來，觀眾開始焦躁，有人開始喊：「怎麼阿國還不出來！」

此情綿綿，此戲綿綿

終於有一個看似武士打扮的男主角出來，年輕武士穿藍色衣服，胸前繡一朵黃色菊花、一枝白色梅枝，套上一件朱色上衣，腰間插一把刀。啊，這武士好帥！但有人看出那武士胸前太豐滿了。「是個女人扮的！」「是阿國！」全場鬨然鼓掌，再沒想到阿國會扮成一個武士走出來！好妖豔的武士！比男人扮的男人更纖細，比女人扮的女人更豔麗！世上不可能有這樣美的女人，世上也不可能有這麼帥的男人。但看過山三郎的人都慢慢發現，那裝扮、那姿勢，是山三郎的姿勢！原來，她找不到山三郎，自己「化」成了山三郎！情至此，你我已不分了！她便自己與情人「合體」。

別的戲班，很快就抄襲這女扮男裝的做法，但沒有人能扮得像阿國那麼妖豔、那麼魅人。

今日的歌舞伎，是以男人扮女角，這是德川幕府中期以後，為了「導正風俗」禁絕了女人演戲、舞蹈的結果。這「乾旦」的出現其實也是阿國的「坤生」啟發出來的！阿國可以無憾，歌舞伎可以無憾。她以一介鄉下姑娘，混跡江湖，乃至有時也涉入風塵，卻憑一念之堅持及對舞劇之才華，成為日本歌舞伎之創始人，可說是世界演藝史上的奇蹟。

漢詩傳情十九年

——賴山陽與細香

日本文化十年（一八一三）歲暮，大垣藩（藩是諸侯國之意）的官醫，也是當時修習荷蘭醫學的權威蘭齊，在家接待一位來自京都的客人，這個客人是有名的漢學家賴山陽（一七八〇～一八三〇）。蘭齊與來客敘話時感到對方文質彬彬，頗有見識，就叫長女多保出來，陪客人說話。山陽一見多保，為其氣質所吸引，注目看多保，多保也不閃避視線，兩人視線相接，互有感覺。當時山陽三十四歲；多保二十七歲，未婚，筆名細香，擅長寫漢詩，兩人從此成為師徒，不斷互贈漢詩，歷十九年。

賴山陽與日本外史

山陽之父賴春水是廣島藩的儒官，曾在廣島的江户昌平黌擔任教師。但山陽自幼患躁鬱症，時而憂鬱自閉，時而放蕩輕躁，家人奈何不得。乃於他二十歲就替他完婚，娶了才十五歲的女子阿淳，希望婚後或能健康些。但山陽於完婚後一年，即脱離藩職，離家出走，阿淳亦於此時返回娘家生下一男後即別嫁了。脱離藩職出走在當時是極嚴重的行為，藩主令派人追蹤，如果追到可以格殺勿論，多虧老父求情，乃只追回禁閉而未當場格殺。

在禁閉期間，山陽心念轉到要寫一本史書的念頭，開始構想，他雖有病，自幼狂狷，心中亦懷壯志。曾於十三歲時作漢詩：「春秋十有三，逝者已如水，天地無始終，人生有生死，但得類古人，千載列青史。」

他曾熟讀德川光國所撰《大日本史》，認同其「大義名分」（正統），又繼之披閱司馬遷《史記》中的「世家」、「列傳」等內容，決定要以詩人之心、史家之筆，描繪源平以來到德川時代的權門豪傑，氏族興衰，不寫編年史而採傳記體。《日本外史》前後費二十五年，於一八二七年山陽四十八歲時完成。他自已很高興，也很感慨，寫詩明志，詩曰：「二十餘年吾書成，書前酹酒一把鬚。此中幾個英雄漢，不悉諒得吾曲筆。」謂「曲筆」是自謙，因為他表面上以傳記體寫世家列傳，實際上文中頗多對人物的月旦評論，文字犀利，褒貶隨性，大概也有些以《春秋》自居吧。

山陽在江馬蘭齊家中見到其女細香時，已離婚多年，被幽禁三年後，在京都以自由身自行設塾授徒，文名日盛。蘭齊讓女兒見到山陽，意中實希望將這個才華很高，但已過適婚年齡的女兒嫁個才子，而這個首次的會面在蘭齊眼中是覺得頗有希望的。可惜這個願望經過十九年，到山陽於五十三歲時去世，都未能實現，也太讓老父失望。究其原因，可能是細香與山陽雖同是文人，同樣寫漢詩，兩人對人生的體會是不大一樣的。

細香是富家女，可能終生未曾操勞家事，山陽經營一個私塾，每月束脩有限，還要奉養父母。父母看著曾經患過躁鬱症的兒子，莫非也希望他娶個普通幹練而能操勞的媳婦？則細香要嫁山陽障礙是很大的，但只知作詩戀愛的細香並未考慮到這些問題。

江馬家在京都也擁有別墅，自細香認識山陽後，她曾在兩年之內，七度上京住在別墅，並與山陽見面。第一次是她接到山陽來信：「去冬邂逅，誠協余之懷，但別離悵然，極盼再能見面，聞仲春將上京，見面之樂可期……。」他們於二月見面，相偕遊嵐山賞櫻，細香作詩：「不恨看花早三日，滿枝開花醉人多……。」意思說，雖然來早了，櫻花未開也不足恨，因為等花開了，這地方就有太多喝醉酒的人。幾日後，山陽邀舊識到自宅賞花亦邀細香，來帖上寫：「一日三秋之思，不知起居如何……。」單純的細香得信即往，心中充滿喜悅。但日子一年一年的過去，山陽始終未提起婚事。事實上，兩人表面上仍維持師徒的稱呼，細香也常寫詩稿給山陽，請他批評斧正，山陽也不客氣地刪改她的詩稿。而在這中間，山陽為衣食之資到處奔波，也在母親安排下，娶了一個勤勞的女子梨影而生子了。

細香似乎知道山陽家中進來了一個亦婢亦妾的女子，但並不細問，山陽在信中有時也提到梨影幫忙侍候老母，但細香仍未警覺到事情不是想像中那麼樂觀。她在認識山陽的第十三年，年已三十八歲，曾寫詩送山陽曰：「舊觀一夢十三年。」暗示她也漸漸老了。

山陽似已知道以自己的生活狀態，無法娶一個陶醉在詩詞歌賦中的大家閨秀，但他又捨不得和這個「女弟子」斷絕關係，書信與詩稿的往來一直繼續。漸漸的山陽在信中也寫些自己家居的情形，細香也慢慢理解「恩師」家中是有妻子的，但兩人的情感似乎超越這些「俗事」，而仍然真摯。後來山陽帶著妻子及八歲的兒子陪細香同遊嵐山，細香作詩：「十五年前同醉地，一溪猶作舊時聲。」又寫：「即今鬢上無多綠，卻憶溪亭閒夢時。」據後人中村真一郎為山陽寫的小傳《賴山陽及其時代》中透露，山陽曾向友人說，這「閒夢」二字易招誤會。山陽曾與細香親密是事實，何得謂「誤會」？即使是大史學家如山陽，也有敢做而怕人知道的事，細香若知道其情何以堪！

一八二七年遊罷嵐山，山陽與細香話別，山陽賦詩：「將欲看花君恰來，相攜明日即佳期，滿懷喜氣眠難著，起見春星帶屋垂。」這詩多少顯得牽強。但細香的詩則直話直說：「彌房弄筆歲多移，一誤生涯何可追。聊喜清貞與渠似，幽蘭秀竹寫寒姿。」她至此也悟到「一誤生涯何可追」，但美人實已遲暮了，這是她最後一次與山陽言別。

「病狀似先師」

天保三年九月十三日，山陽的咯血症惡化，長期的生活負擔，及寫作《日本外史》的辛勞使他心身俱疲，以五十三歲之年與世長辭。細香活到一八六一年，享年七十五歲，病中遺言：「只憐病狀似先師。」先師指的當然是山陽，她至死還以與先師同樣病情而自我安慰，其為情真的很深了。

賴山陽與江馬細香長達十九年的戀情及書信往來，有幾個特色。第一，賴山陽是日本史上傑出的史學家，其所著《日本外史》，是日本史書史上的傑作，至今部分內容尚常常被收入大學史學系的課本裡，也是研究歷史者必讀之書。江馬細香自幼修習漢文，長而擅長漢詩，其與山陽十九年的情史中，兩人往來漢詩多達兩百餘首，成為文學史上的佳話，其「才子佳人」之間的情意至死不滅，傳誦後世。

第二，兩人往來數年後就已知道無法結婚，但在没有婚姻關係的狀態下，兩人仍維持其訴情關係。就山陽而言，他生活困苦，需要這個紅粉知己來安慰他，使他有遊心俗外的園地，以便繼續寫作。就細香而言，她知山陽家裡有「世話女房」（持家的妻子），但她心中明白，她需要，也能提供山陽家居生活以外的靈感生活。在這後期十年間，山陽的家族及細香的家族，都知道他們兩人的關係，但並無人提出異議，才使他們兩人能維持關係那麼久。這在當時的日本社會而言，可說是創造了一種非常特別的男女關係的文化，這種多元化，在大約同時的歐洲上流社會裡，證明是可喜的文化，也是較為成熟（sophisticated）的社會可擁有的。

兼好法師的女性觀

《徒然草》是日本中世紀的名作，論無常、論道、論女人、論戀愛、論人心、論情感、論世態、論文藝、寫故事……。日本人將之與法國蒙田的「隨筆」及巴上噶的人性觀察相提並論。但《徒然草》在意態上是和前述兩書不一樣的，它的語態率性，觀點犀利而另類，意念歸於無常而肯定情的價值，語調近乎清少納言的《枕草子》而意識更加頹廢、唯美。書名《徒然草》因開頭坦言：「徒然（無所為）而執筆為文……。」徒然者知其無用也，而仍為之，意冷而心尚懸於人間事也，書之可貴在這些矛盾之中。

《徒然草》

《徒然草》之作者俗名不部兼好，其先世為神社之神官，這種家世的人，雖不能出將入相，但可在大臣之家成為「清客」，幫些文墨函牘之事，陪著吟風弄月之遊。而兼好自幼有文名，長大後在南北朝動亂中成為當代和歌大派「二條派」中的四天王之一，對於這些事，他優為之，也樂為之，也曾走過了一段才子風流的時光。由於他的本家堀河家有女嫁為「後宇多天皇」

之妃，又生了太子，即位為「後二條天皇」，兼好也被選為六個「藏人」（秘書）之一，常侍天皇左右，此時他才十九歲。在《徒然草》中，他回憶這段時日：「九重不習世事，性優雅，每日在露臺、朝餉、殿門覲見……。」天皇是美少年，但健康欠佳，二十四歲而崩，當時兼好二十六歲；兼好於二十九歲時受戒出家，稱兼好法師。

當年的日本貴族或士大夫出家是常見的事，但出家並不意味從此與世俗絶緣，相反的，出家後，會更受世人尊敬，可以優遊於風花雪月，也可與達官貴人交遊，或為豪門清客、西席，貴人也以聘出家人為顧問、家宰或家庭教師為風雅之事。兼好在出家後，也曾為相國之家宰，且應當時舉足輕重的武士團統領高師直之求，代寫情書，這封情書是用來送給絶世豔婦，鹽冶判官之妻「顏世御前」的。據傳說，顏世為逃避高師直的糾纏，乃隨夫逃亡，卻於路上被追手包圍，只好請族人將她刺殺，這是一段未經證實卻盡人皆知的傳說。而重要的是兼好所代筆的這封情書，始終無人看到過，迄今學者多方追蹤，不見情書，其所以大家要多方追蹤，乃因後來兼好寫《徒然草》書中有一大部分提出對女人及戀愛很不尋常的看法。這樣的人當年竟為一個權力者，代寫一封任誰都覺得不道德的、勾引人妻的情書，其情書到底怎樣寫，令人非常好奇，也足以拿來對照其《徒然草》中高蹈的理論。

相思何必相見

《徒然草》中有幾句話，是很不尋常的，可是作者兼好法師並非存心作驚人之語，而是透過驚人之語表達男女關係之機微或微妙處。譬如他說：「妻子者，男人之最不可有之物也。」（書中第一九〇段）他認為「獨居男人令人感覺別具胸懷」；相對的，苟苟營營去找個富有的岳父或找一個好像很不得了的女人結婚，真是俗氣。不久，又生小孩，天天忙著照顧小孩，這真令人厭煩。再漂亮的女人，如果天天在一起，當然無趣，女人至此明知不為丈夫所喜，卻也無勇氣離開，真是情何以堪！還有一種男女，本不相識，僅憑媒人幾句話就結婚了，這種夫婦長夜漫漫有什麼話可說呢？總是在婚前曾有一段苦戀的經過，婚後才有話可說吧？

兼好法師贊成男女互相追求、想法子求得片刻歡會，片刻歡會是「好色」的必然，因為「不好色的男人，猶如無底的玉卮，令人失望」。好色者，夜夜徘徊於霜露之間，到處遊走，不顧父母之勸，不理世人之謗，念念只想伊人，夜夜無法合眼，斯謂之「物之哀」，謂之「風雅」，謂之「妙趣」，謂之「情之極」。因為，「看花必要看其盛開，看月必要望其滿月無雲，此俗人之心也」，男女之情亦然，「相思何必相見，因不得見而憂苦，嘆盟誓之徒然，長夜獨守，悲關山之相隔，思時光之不再，斯可以稱好色也」，這話把「好色」的意義，從登徒子的位置提升到至情至性的境界了。他把戀情從現實生活中抽離，只重視那與生活隔絕的苦情、深情，「戀心」，獨成一種情思之美學，及絕對價值。

戀情原是在男女間的接觸及生活中釀成的，為何要抽離？能不能抽離？這要回來看看兼好這個人為何出家，他出了什麼樣的家？

出家入家，出俗入情

「出家」是把自己從俗世抽離，從仕宦生活抽離，從家庭生活抽離，終究也從常識性的思考抽離。

兼好法師出家後，仍然常在大官貴人之府邸進出，仍然和女人見面，不同的是，他出家後，成為「雲遊」內外的人，不受官位的束縛，不受階級的拘束，大官貴人不再視他為僚屬，而稱他為法師、師父……。他可以到處吟詩、議論、喝酒、和官府貴人邸裡的美女談笑嬉戲而無嫌疑，他因「出家」而得到解放，享受許多特權，而不必拘於俗禮。當時的大官貴人也樂於有文才很高、言語詼諧的出家人在府裡進出，因為與「方外之人」交遊，是一種風雅。而就出家人而言，不避權貴、美女也是一種風雅，正可以表示入膏粱之地而不染。可以說，他出家，是走出令他厭煩的俗套的家，而進入了另一種優遊棲逸的家，他離棄世俗，以便全心全意欣賞世間的情、雅與風流。

兼好法師蔑視終身離不開妻子的男人，反對談戀愛就希望有結果的俗念，主張無償的戀情之可貴，也就是贊成「衣帶漸寬終不悔」的境界。但他對女人之存在有正面的評價，他認為：「世上若無女人，衣冠將成無用之物，男人必不整服飾。」這話延伸出去，意思是世上有兩性，故男女皆為「悅己者容」，或雖不為悅己者容，也希望在異性面前穿得整齊體面、好看。他一再強調，男女相戀，以無結果、無前途，甚至朝思暮想而不得見，見面而無可奈何，為最有意思，戀慕之情，必須與生活全分開，其「為情」才有價值。他自己曾為質樸無文者代寫情書，因為他覺得那對男女，根本無機會團圓或成眷屬，故樂見他們在情海享受沒有希望，也就是無功利意圖的「孤高」的戀情。「戀情」者在他的認識中是必須走入迷途，毫無希望的可憐人之戀，才有意思，因為沒有著落的戀情才是純戀愛，以結合為目的之戀情只是目的之前的手段，「有情人終成眷屬」是多麼無趣的事情。

兼好法師不贊成男子娶妻，不贊成媒妁之言，希望男女只品味戀情之雅趣、苦趣、悲哀而不認同「終成眷屬」之俗套。他到底對女性有什麼期待？他肯定女性之魅力，曾說：「一條青絲可以拴住大象。」他欣賞：「女性的心態、體貼、聰慧、温柔的談吐、吐氣如蘭、用心之周到、身段之文雅……。這些，真足以令人愛之、想之、思之、不能自已。」這「不能自已」之戀情，正是他最重視、珍視的感情，因為這種感情極端、純粹、自然、無垢。兼好法師是出家、出俗而入情、入趣，在他的《徒然草》中，他將女人的美、好、雅、貴之狀抽離出來，勸普世男子，以同樣純潔的感情去戀慕這樣的女人。

這種思維是對女人的最好讚美，也只有「世外之人」的心中，能有這麼高貴、純潔的女人。

庇護婦女的聖地

——東慶寺

日本神奈川縣鎌倉市山市內有一座臨濟宗寺院，寺名東慶寺，是日本弘安八年（一二八五），由當時鎌倉幕府執權北條時宗之未亡人覺山尼所創建。創建初期為純粹的尼庵，不涉外事，但後來覺山尼多次遇到遇人不淑的婦人前來求救而出手相援，這座尼庵漸漸成為婚姻不幸的婦人的庇護所，而有「緣切寺」（斷緣寺）及「驅入寺」（奔入求助之寺）之名。

斷緣寺

所謂「斷緣寺」者，若有婦人，在家受公婆虐待，受丈夫欺侮，到了不能再忍耐或不願忍耐下去的時候，離家出走到寺院求救；甚至在非常急迫的狀況下，婦人奔入寺院，後面還有丈夫追蹤，只要婦人一腳踩入寺門，這事即由寺方主持公道，丈夫不能強迫婦人回家。

婦人若不肯回家，即在庵內落髮為尼，形同離婚，男方可以另娶，這在當時，是「治外法權」。其所以東慶寺能享有治外法權，乃因其創建者覺山尼是幕府執權的未亡人，她在寺內訂定這樣法度，實際上也救濟了許多可憐的婦女，官方也就默許她這樣做。但這座寺的治外法權，並非始終都很順利得到政府或幕府的承認，而是歷代主持都運用其身分關係，不斷爭取的。比如第五代主持「用堂尼」是後醍醐天皇的皇女，她為弔念胞弟護良親王而出家入東慶寺，人稱東慶寺為「松岡御所」；「御所」通常是皇族或極貴之人所住之所。德川家康當權時，東慶寺的住持是第十九代法清尼，她是「喜連川右兵衛督賴」之女，其妹為豐臣秀吉之側室月桂院。就在這個時候，有一個七歲的少女被送到東慶寺來出家，這個少女是豐臣秀吉之孫女，豐臣秀賴之女，乳名不詳，入庵之後稱「天秀尼」。

天秀尼

日本戰國時代（約一四六七～一五七〇）一百年之內，群雄混戰的結果，織田信長最後勝出，約略征服了日本京畿周圍的地方，也臣服了大部分諸侯。信長只活了四十九歲遇刺而亡，豐臣秀吉利用當時的形勢，擊敗前輩柴田勝家，取得了繼承權。但豐臣遲遲未有子嗣，一直到晚年娶茶茶為妾，才生了一子，豐臣死時年六十三歲，當時其子秀頼才六歲。德川家康雖然表面上也對豐臣稱臣，但他心機深沉，陰蓄戰力，任何人皆看得出，秀頼母子孤兒寡婦，遠非德川之對手。果然，雙方緊張關係升高，一六〇〇年，終於雙方出動大軍，打了一仗關鍵性的「關原之戰」，豐臣大敗，締和，又過了十四年，德川家康終不能容豐臣存在，藉故出兵，「大阪冬之陣」及「大阪夏之陣」兩次興兵，豐臣完全敗北，大阪城著火焚燒（現在成為觀光景點的大阪城係後來重建），秀頼及其母淀君相繼死在火焰之中。這時，曾因政治婚姻而嫁了秀頼的家康孫女千姬，代婆家向祖父求情，但未獲結果。戰事結束之後，秀頼之子國松被俘之後拘於囚車上，在京城示眾，然後斬首；其妹則以女子故得以活命，由德川家康指定她入東慶寺為尼，終生不得還俗。德川之意，雖然不殺女子，但女子若結婚而生男兒，仍然是豐臣之外孫，長大後會有什麼作為，會不會有復仇之心，尚難預料，所以命其終生為尼，是安全的辦法。女子態度柔和，和德川對答之間，毫無怨恨之意，德川於是問她：「汝今將入庵為尼，心中有無未遂之願否？」女子答：「既承下問，我聞東慶寺有寺規，規定以寺院之法庇護不幸之婦人，但願這傳統能得大人之承諾，永世不改，庇護走投無路之女人，是所至願。」德川聞小小年紀的女子竟有這樣的胸懷，當下答允她的要求。東慶寺終德川幕府二百六十年之世，得以享有治外法權庇護百千婦女，可能是這句話所賜。

庇寡婦

日本寬永十六年（一六三九），會津藩的藩主加藤明成與其屬下堀主水發生衝突，堀主水是明成之祖父友好的部將。但老藩主去世後，新藩主繼位，堀主水看不慣少年藩主行事無狀，公開責備其缺失，而且受到明成譴責後，率一家人及部屬離開會津，據高野山，做出抗拒的姿勢。但高野山是佛教真言宗金剛峰寺的領地，這地方是不能容婦女居住的，堀主水的妻子「苗」只好離開丈夫，單身投奔東慶寺。

守在高野山上的堀主水，在形勢上是受金剛峰寺的庇護，這僵局一直維持了一年有餘，最後金剛峰寺的執事經不起藩主明成的一再強索，把堀主水等人交給了明成。當時的征夷大將軍德川家光，經閣議認為主水以臣犯上有罪，許明成將主水等人處死，但明成並不以此為足，轉而向東慶寺要求引渡主水之妻苗。

這時東慶寺中的人，都畏懼明成的勢力，意欲將苗交出，但天秀尼獨排眾議，最後寫了陳情書，派人送到江户呈上德川家光。陳情書中歷敘當年家光祖父德川家康，曾經親口允諾東慶寺在庇護婦人的作為上，得享有治外法權的往事，懇求家光顧全這個傳統，阻止明成追索一個已經家破人亡的寡婦。家光見陳情書，深為所動，亦想起天秀尼自己當年也是家破人亡的女子，以稚齡入寺為尼，卻以人溺己溺的慈悲心，為人請命，當即答允所求，下令叫明成不必再為難東慶寺。後來見明成行事施政皆不顧全民間疾苦，將其藩祿從四十萬石削減成一萬石，這是後話。後世史家認為家光本欲削弱諸侯力量，以確立幕府專制，故藉此事端下手，是耶？非耶？並無定論。按常情而論，天秀尼是千姬的養女，透過養母千姬，有所求於德川幕府，這種人情在任何世代，任何社會都是存在的，但使用人情為的是拯救一個無辜的寡婦，就會成為美事。

「萬千心思難寄」

另一方面，千姬本人，雖是德川家康之孫女，但自幼嫁入明知會成為敵營的豐臣家，「丈夫」在世時並沒得到過婆婆和丈夫的好臉色，豐臣滅亡後，成為寡婦，也算是可憐的女人。她這樣的遭遇，若是別人，通常也會看破人生，落髮為尼，依當時貴族社會的習慣而言，夫亡則未亡人落髮，幾乎是不成文法。不做尼姑常會招來物議，但個性強硬的她，不甘於終生未遇知音，大概意中有所期待吧，只讓一個侍女，頂著她的名分入寺為尼，就算交代過去。據稗官野史的說法，千姬自那以後，很率性地過自己的生活，周圍的人莫能奈何她。這「率性地過自己的生活」只是一句話，但傳到後世，激發了許多好事的小說家的想像，大做文章，出現了許多可歸類「千姬亂行」的八卦故事，繪形繪影，說她招美男於宮中，日夜過淫逸的生活……等等，這和中國武則天的宮闈故事，幾乎如出一轍了。看來地不分中外，時不分古今，女人最安全的地方還是東慶寺吧。吾人擅作解人，遥想當年千姬心思，可能是「征鴻過盡，萬千心事難寄」（李清照〈念奴嬌〉）吧。

東慶寺成為不幸女人的收容所後，不只想離婚的女人才來求救，也有因其他原因無法回家的女人來投奔。據新井白石著《折柴記》中記載，有婦人因丈夫被親父及兄合謀殺死，乃告於官，官方以《論語》「父為子隱，子為父隱」之義，欲罪婦人，此時巷議喧騰，官方遂請教儒學家新井白石的意見。新井引用「在家從父，出嫁從夫」之義，主張婦人應無罪，但婦人雖判無罪卻無法在親戚友人之間立足，乃投東慶寺為尼。

鎖國的悲劇

——雅加達阿春

德川幕府自成立以來就厲行鎖國政策，鎖國的原因很簡單，任何政權都必須鎖國才能實行獨裁政治。鎖國的項目依據當時的國情，第一禁止日本船開往外國；第二禁止基督教傳教；第三禁止中國船及荷蘭船以外的外國船來日本，中國船及荷蘭船也只能停靠長崎港從事貿易。這三項都雷厲風行，代代相傳，到了第三代德川家光之世已根深柢固。在這樣的法令下，異國通婚當然是非法的，凡是嫁給外國人的女人，或和外國人生了小孩的婦女，其本人及子女皆須移居（或放逐）國外，終生不得回國，不得與國內親人通信（後來改為可以通信，但不可言及外國宗教）。根據寬永九年（一六三二）荷蘭殖民地印尼雅加達的統計，當時住在印尼的外國人共八千零五十八人，其中有一百多人是日本人，而這些日本人有些是未鎖國時就去印尼經商的，後來都變成不能回國了。在不能回國的人當中，有一個日本婦人與義大利人的混血女名「阿春」，後世稱她為「雅加達阿春」，其生平令人嗟嘆，其一生寫了數千封思念祖國的信，迄今成為日本史上重要文獻及文學。

雅加達阿春

日本寬永十六年（一六三九）十月，一艘荷蘭船「布勒達號」，從長崎開往雅加達，翌年一月抵達，船上有阿春及阿春之母伊莎貝拉、阿春之姊瑪格麗娜。瑪格麗娜於兩年後，與另一被放逐的青年村上武左衛門結婚，但兩年後，因過分悲痛而死。當年十五歲的阿春，開始將思念故鄉之情寫成一封一封的信，寄給在日本的表姐阿達，信文長短不一，最短的數百字，最長的達三千多字。據當時居住在長崎的地理學者西川如見所著《長崎夜話草》的記述，每封信怕是滴血之作，令人不忍卒讀。茲將三千多字的信摘其要點譯出：「可恨千古不曾有的十月颱，何故遮蔽望鄉月？我想，我戀，我望故鄉日本……，不記得何年何月離開日本，異域曆書不相同，無法記憶放逐多少年。但我不分日夜，一時一刻都沒忘記過日本；為此傷心、落淚。在這個地方能看到和日本一樣的東西，只有太陽和月亮。我每天早晨，站在那裡等日出，傍晚坐在那裡看月光，不忍睡覺，天天哭，天天流淚，袖子都溼透了，想來如此痛苦的人生，我又何必活下去，乾脆死了算了。但有時回頭一想，我又何必怨天怨人？幾千萬人中，為何我獨自生為異國人的女兒呢？或是前世為惡的報應吧……。回想在日本時，你對我多好，當時若知有一天就會見不到你了，當年就要天天和你見面，不離開你，和你親近些。可惜我以為永遠都能見到你，也沒有對你好，如今想來，後悔莫及……。

這封信因邊哭邊寫，寫得語無倫次，字跡不清，勞你費力閱讀，真對不起。我自被流放到國外，從不穿外國人的衣服，仍然天天穿上我那笨重的日本衣服。想來我怎能甘心做外國人！我想日本，懷念故鄉，但願能再次看到故鄉……。」

這封信，因為有一部分寫得斐然成文，也曾有人懷疑，那阿春並未受到多少教育，怎能寫出這樣的信？多半是《長崎夜話草》的作者西川如見杜撰或至少潤飾過的吧？但多數學者認為，即使經過潤飾，也只訂正了錯別字及不順的措辭吧！因為阿春雖未受過高深教育，但考其平生認真好學，到了異國，感懷既深，心情激越，激出了平生水準以上的文辭亦可以想像。總之，其前後十幾年寫出幾百封信，不可能都由別人杜撰，就目前尚在於長崎資料館的信文觀之，那些信，應為真跡。阿春後來嫁給了東印度事務員，也是在日本出生的荷蘭人西蒙・西門生，此人後來升為海關主管，又晉升總督府特使，從事外交工作。可以想像，阿春能嫁這樣的人，後來一起出入雅加達的社交界，似乎不是不學無文的人。

另一種生活

阿春於二十一歲時嫁人，生活轉入忙碌期，但並未因此而忘了對祖國的懷念。她生了四男三女，但先阿春而死者六人，只剩一女瑪麗亞。西蒙離開公職後自營貿易，使阿春能過富裕的生活，但西蒙於一六七二年去世，留下相當多的遺產給阿春，以這些錢，救助留在雅加達的混血日本人，當時阿春四十九歲。但此時留在雅加達的日本混血人中，男人已全部死去，只剩下三十四個婦女；阿春到此時還常常寫信給日本的親友，互通消息。元祿十年（一六九七），阿春以七十三歲高齡去世，總共在雅加達居留了傷心的五十八年。

鎖國、鎖心、鎖文化

當然，在同樣被放逐到雅加達的日本混血婦女中，也有抱著另一種心情活下去的人。譬如可妮里亞是當地女子與荷蘭商館長可尼里斯・奈恩羅所生的女子；父親去世後，母親再婚，她就與異母姊一起被放逐到雅加達。承應元年（一六五二），可妮里亞與東印度公司職員彼得・席諾結婚，彼得有才，亦善理財，可妮里亞在寫給日本的親戚信中說：「不必擔心我的事情，外子是善良的人，我過著幸福的日子……。」這位可妮里亞很想得開，但生了十個孩子之後，不久，死了六個孩子，丈夫也死了。她於四年後再嫁法官約翰・得彼達，但這婚姻並不幸福，兩人經常吵架，成為社交界的笑談話題。日本平戶資料館現在保存的可妮里亞寫給親戚的信中，談到「長崎兩政所」（連絡處）已將日本寄來的信函及什物交給了她，凡接到來信的人都很高興，云云。可見在德川幕府中期，仇視外國人的情勢已經降溫，留在雅加達的日本人雖仍然不能返國，但通信已放鬆，也讓人不那麼想故鄉想得很悽慘了。似乎留在當地的婦女若嫁人嫁得好，也就安於現實，還常常買些印尼的棉布寄給在日本的親友。若有商船定期開往日本，她們也都事前知道，紛紛將信件及棉布等交給船員，託他們帶往日本，輾轉交給親人朋友，這些人似乎慢慢成為「僑民」了。

但「僑民」的情緒要等到第二代才真正形成，對於住過日本而被「放逐」的人而言，不論如何調整，那心中殘存的一絲思鄉之心，是難解除的，就保存下來的當年的信件看來，遙望故鄉明月而傷感的女人佔絕大多數。這些往事及信件在德川幕府崩潰後，有許多看不慣當年暴政的人，以這些資料為題材，寫詩、寫流行歌、寫小說、戲劇，都曾流行一時，直到今日如「雅加達阿春」這名字，仍然是家喻户曉的傳奇人物。她的故事，曾讓三百年來的日本婦女流下傷感的眼淚，那首「雨中淋濕全身的阿春……」迄今有唱片、CD在販賣，它成為後世憎恨德川幕府的一個情緒性的著力點。

在人類的歷史上，「鎖國」常常是專制君主或政府，用來保護其政權的方法之一。鎖了國之後，內外不通，消息閉塞，不知地球上尚有開明自由之地，君主就容易統治或為所欲為。在日本國內，曾經有一段時期，不但沒有國際通航，也不准人民自由遷移居住地，就是從國內某縣市遷到另一縣市或村落販貨的話都要繳稅，士農工商之身分職業成為世襲，不得改變。雅加達阿春之引人注意及同情，在社會意義上，不只是同情弱女，也有譴責專制幕府的意思。

藝妓文化

日本的藝妓，聞名世界，以藝妓之生活為題材的小說，不但在日本汗牛充棟，許多歐美作家也以日本的「遊廓」，青樓為背景，寫小說，拍電影。中國也曾有許多以秦樓楚館為背景，以花魁、樂妓為題材的小說，實際存在的人如薛濤，小說中人如《桃花扇》中的李香君，留給後人無限遐思。六朝金粉地秦淮河畔的琴韻、畫舫，杜牧的「十年一覺揚州夢，贏得青樓薄倖名」，羨煞多少登徒子。儘管如此，中國的豔情小說，包括杜牧的「十年一覺」，只把那地方當做冶遊之地，把那地方的女人視為歡場的女子而已，走到那個地方的男人是不認真，也不該認真的。

法國的小仲馬在《茶花女》中寫了一個認真與歡場女人談戀愛的男人，小仲馬是很同情小說中那一對男女的，但也只認同其性情善良、真誠相愛而已，並沒有揭示歡場的「文化」及歡場女子之可能有「文化」。日本人可能是地球上唯一承認歡場中有文化的民族，這「文化」包括歡場的規矩、禮儀、對應、藝能，對談，詩歌的應酬……。

遊里——美化性交易的桃源鄉

在日本，歡場或風化區稱為「遊里」；江户幕府統治時代，經幕府特准營業的遊里有四個地區：就是江户（後來的東京）的吉原、京都的島原、大阪的新町、及長崎的丸山。其他地區雖然也有大小不一的花街柳巷，但因偷偷摸摸營業，就始終停留在較原始粗糙的賣春的場所，未能發展出有規模的文化。

上述四大區域的遊里，雖然基本上仍然是賣春的場所，但因為披上歡樂歌舞及禮儀從容的面紗，久之，各種規矩成為傳統，主客之間的對應漸臻優雅。在「格式」比較高的遊廓裡，一個男客人從第一次來「訪」到能登堂入室，一親芳澤中間，需要經過很長的時間，付出很費事費錢的殷勤，還必須是有點身分的人。這中間的折磨或過程使高級遊廓成為一個常人難以接近的神祕地方，也吸引高官文人以這種地方為「集會」場所，多少貴人的「社交」便在這種地方舉辦，平添遊廓之貴族性。在這樣的遊廓中，遊女（妓女）朝夕磨練吸引男人的本事，使男人朝思暮想，盼望著登堂入室的那一刻。因為這是一種磨人遊戲，而不是一夕之間的現金買賣，所以它成為一種藝術。遊廓就是演練這種藝術的場所，而集諸般藝術於一身的最高級遊女，稱為「太夫」。

在遊里的社會裡，要升到太夫非常不容易，必須天生麗質、聰慧過人、聞一知十、好學而上進；其伶俐為鴇母所賞識，決意培養，才有前途；鴇母培養一個太夫，先須投下巨資，從小培養起。

賣身娼門的女子通常七、八歲就被鴇母領走，進娼門後，只能做服侍成年妓女的小婢，稱為「禿」。有出息的「禿」必須在十歲以前就會讓鴇母注意到，決心培養。最大方的鴇母會讓這個培養中的少女豐衣足食，養尊處優，過有如公主一般的生活，為的是培養她的氣度，免得以後見錢眼開，在豪客面前露出寒傖相。這中間，也要讀書識字，學習音律、練琴、三味線、鼓、書法、和歌、俳諧、插花、茶道、圍棋，要樣樣都通，且特別精通其中一樣，乃具備做太夫的基本素養。女子既投身青樓，人人都想做太夫，但太夫談何容易，實是天才加上努力、加上小心、加上有心才能達到的身分。據統計，江戶吉原於寬永年間（一六二四～一六四四），有近三千遊女，晉位太夫者僅七十人，後來降為三十六人，到了元祿年間（一六八八～一七〇四）曾降到二人至四人，一七五一年後太夫完全絕跡，太夫之難以培養，由此可見。成為太夫的遊女，必須舉行就位儀式；通常穿上等同貴族的九重華麗衣服遊街，女童執帶，婢女侍側，行八字步，鼓聲笛音引道，慢慢一步步，由街頭走到街尾，「露臉」了！也是以此公告周知，某樓某廓，有一位如此華麗、氣質高雅的太夫了！太夫「見」客時，與王公貴人或文豪詩客，都分庭抗禮，毫無怯意，說話回話，吟詩聯句，從容自在，炫示才學美貌於舉手投足之間。日本人認為這樣的女人，是遊廓文化的傑作，堪與皇妃、公主比美。若一定要想到她們終究是賣身的，這是傖夫的「野暮」（按：不懂事），因為懂得風流的人是蓄意不看透這一層的，這是隔著薄霧看花的道理。

吉野太夫的菩薩行

遊廓史上不世出的才女「吉野太夫」，是京都島原遊里的太夫，她的身世如同大部分遊女一樣，是不可考的。她原來取名「浮舟」，後因在賞櫻會裡作了一首徘句：「此地櫻花美，遙想吉原更風光。」因此大家叫她「吉原」。被譽為日本莎士比亞的詩人兼小說作家井原西鶴在其著作《好色一代男》中，把吉原太夫描寫成「稀世之遊女」，塑造成女人的理想像。西鶴前半生曾沉溺於遊里之間，尋找寫作資料，體會青樓的人情義理，及見吉原太夫而大喜，將其寫入作品中。其作品中的吉原太夫，是否與真實的吉原太夫相似，後世無考，但一般人認為當是真實的寫照。

據作品中的故事，當地有冶鐵工人，遙見吉野太夫而驚豔，從此日夜思慕。他打聽得必須斗珠為聘，才能一親芳澤，於是日夜工作，積聚銀兩，歷數年而有白銀千兩。乃走訪出入遊廓者，請代向鴇母通款，但得到的回答是：太夫只與王公貴族周旋，並非任何人捧著一箱銀子就能見面。工人失望之餘，竟然病倒，茶飯不入，日益憔悴。這事，有人當做笑話轉告了吉野太夫，太夫聞之，觸動憐憫之心，叫人把那工人帶進來，意欲捨身救之。但工人驟見太夫，心中感激，聲淚俱下，只跪在太夫之腳下，摸其足而起，千謝萬謝就要離開，經太夫百般安慰，逗留一宵而去。西鶴在小說中，讓人稱讚太夫之行為，是能捨身的「菩薩行」。

吉野太夫後來由富商之子灰屋紹益以萬金贖身為良家婦，但紹益之父紹由怒其子聘青樓之女，將其逐出家門，紹益於是與吉野賃屋而住，過著貧寒的日子。一日，紹由出門遇到大雨，就在一木屋簷下稍停，門內有一婦邀其入內避雨，紹由見少婦行止言談如大家閨秀，叩問身世，驚悉其為兒媳，即日讓兒子夫婦搬回家中住云。這個大團圓的結局，作家雖未能免俗，但尚算入情入理，其「菩薩行」之褒則頗有見解，故深得讀者的認同。

好色一代女

日本歷史上曾有一個年代稱為「元祿」時代，約在一六八八年到一七〇四年之間，落在德川綱吉的治世。當時江户幕府傳到第四代，社會安定，產業發達，對韓及對中國的貿易也蒸蒸日上。許多「町人」（商人）成為巨富，雖然在稱謂上仍列為士農工商之末位，事實上憑其經濟力量已常常可以與武士階級分庭抗禮。這個時代是日本史上庶民比較安居樂業的時代，於是一反從前（如平安王朝），作家、詩人必出自貴族階級的傳統，而在庶民之間誕生了天才作家及詩人；其中成就最高的要算小說家井原西鶴、劇作家近松門左衛門，及俳句詩人、人稱俳聖的松尾芭蕉。西鶴擅長描述「元祿」時代的風俗人情，並深入挖掘青樓歡場中男人的放蕩與女人的情欲，及商場裡商人間的勾心鬥角。其筆觸冷澈而寫實，為此日本史家稱這個年代為日本的文藝復興時期，也誇言西鶴的「寫實主義」比西方的「寫實主義」早出一百多年，其作品《好色一代女》，人稱是東方的《女人的一生》（法國莫泊桑作）。

「一代女」的故事

西鶴在相同的意圖下曾寫了《好色一代男》、《好色二代男》、《好色三代男》、《好色一代女》、《本朝若風俗》、《男色大鑑》、《五人女》等作品。其對色慾之描寫大膽奔放，乍看是在色慾這件事上追求寫實，但仔細看下去會發現，追求色慾的男女，都逐漸走向陰暗絕望的人生，這是更高一層的人生寫實了，《好色一代女》是一個很具體的實例。

《好色一代女》是西鶴四十五歲時的作品，共六卷六冊二十四章，出版於貞享三年（一六八六）六月。其梗概為沒落的貴族女子「一代女」者（作者未為女主角取名，書中一直稱她為一代女），為了生活到宮中工作；她看上了也在宮中服務的年輕武士，兩人發生戀情，事為總管所發覺，在當時戀愛為法度所不容，武士斬首，而一代女則被遣還娘家；從此，她為了賺錢養活自己，做過舞女，諸侯之妾等等。她的父親為人作保、貸錢，那貸錢者攜款逃亡，父親無法代償，她只好賣身到島原做遊女。她天生美麗，又曾在宮中學到禮儀，進退之間，有些氣度，於是做到遊女的最高階太夫。但她做了太夫之後，自思本是貴族後代，又曾在宮中奉侍大人物，待客難免驕傲，不久門庭羅雀，無法留在太夫位階，就次第降為「天神」、「鹿戀」、「端女郎」等等，在十三年中經歷了遊女所有的階級。十三年後賣身契約期已滿，她本可恢復自由身，但此時雙親已亡，無家可歸，只好到處做僧人之妾，或穿上尼服賣身為「歌比丘尼」，或在色情茶館和商館混生活；到了六十五歲，猶淪為最下等的娼婦（惣嫁）。這故事採取女主角向兩個來訪者細談身世的告白形式敘寫，作者寫這個故事表面上將一代女不幸的生涯，歸咎於當時不准自由戀愛，及為女兒者須為父親的債務賣身的風俗。但這個故事的來龍去脈，可能並不是最有價值的部分，作者事實上是想指出，一代女的不幸表面上似乎是命運多乖，骨子裡也因一代女內心的「好色」，作者字裡行間，透過情節的轉折，呈現女主角在悲慘遭遇中仍不捨可以享受色慾的機會。另有一點，作者也是一個風俗學家或至少是風俗觀察者，他透過小說，企圖呈現元祿時代的各種賣笑、賣身的風俗及世態。所以他讓女主角從一個職業轉到另一個職業，先是經歷賣身女人的種類——「太夫」、「天神」、「鹿戀」、「三匆取」、「歌比丘尼」、「茶館女」、「風呂湯女」、「蓮葉女」、「惣嫁」、「腰元」、「下女」、「僧妾」……，再則使這女人側身於各種不同的營業場所，其所涵蓋，可以成為當時的風俗大全了！

西鶴存心寫風俗大全，也銳意把它經營成賣笑風俗為背景的「好色」小說，因為它除了風俗介紹詳盡而寫實之外；女主角作為小說的中心人物也給讀者留下很深的印象，所以它作為小說，也是成功的。而成功的主因在作者不顧當時的衛道人士及統治者的抗議，賦與女主角「好色」的性格，這位女主角由於作者另有懷抱並沒有給她一個名字，而只叫她「一代女」；「一代女」者，這一代女人之典型也，元祿時代典型的「蕩女」也。她，首先具有當年的「蕩女」所應具有的姿色，她曾做過某諸侯的妾，為的是諸侯無男嗣，必須納妾生子；而當時諸侯派屬下到京都物色美女為妾，其物色的公告上所寫的條件是：「年十五至十八歲，顏略圓，膚色如淡櫻，面部無瑕疵，目明、眉厚、鼻略高、口小、齒齊白、耳長有福、額不修而有細毛、顏後有髮、指長而甲薄、足長八文三分、胸長、腰實而肉不硬、臀豐滿而好撐衣衫，亭亭玉立、心地溫柔、工女紅、面目可喜，無黑痣……。」大概今日的選美條件也沒這麼詳細吧，但這是麻雀變鳳凰的機會，在百千應徵人中，她竟然當選了！可見其姿色是無缺點的。在這個階段，她有機會學習上流社會的禮儀風度，終生以姨太太身分養尊處優；若果生得一子，將來成為藩主，她以太夫人之尊更可以優遊天年，不愁生活，但她没有為自己這樣計算，卻去和一個没有身分的武士幽會。從這個地方開始，作者西鶴一路寫她的淪落，強調她只顧情慾的滿足而一再失去體面的生活的機會。

離開諸侯邸的一代女，由於她具備在官邸生活過的資歷，也有人請她去做教育成年女子禮儀的女師傅，這個女師傅的身分，尚算是體面的工作。但不久，有女人知她筆墨好，來請她代寫情書，她替她寫，寫著寫著竟愛上那個女人的情夫，情夫也是一貧如洗的人。有一次床上事畢時反嘲笑一代女：「你雖愛我，無奈我是個窮光蛋，連送你一件衣服的能力都没有，也是你没眼光，看上我這種没出息的人。」一代女聞言大怒，「決意掏空對方的身子」，從此日夜糾纏，使男人力竭而死。她與没本事的人親近，又怒其不懂得尊重有氣質的美女——她自己，所以將他整死。至此，她實已墮入色情地獄了！

一代女到了六十五歲時，色已衰、身已病，淪為最低級的「惣嫁」，猶勉強穿上華衣，徘徊於大阪街上賣淫。一日來到岩倉的大雲寺，看到寺內有五百羅漢像，她被羅漢所吸引，一尊一尊看過去。突然，她覺得她和每尊羅漢像都有過性關係，流下一身冷汗，倉皇逃歸，從此到洛北結草庵，每日唸佛，過其餘生。

這段見羅漢而驚心的場面，在西鶴筆下寫得驚心動魄，主要是主角在耽溺於色情的中間，內心始終有一種莫名不安，這不安累積到不堪負荷時，乃爆為見羅漢而潰崩的精神異常。這和始終沒有自覺的潘金蓮，必須等到外力（武松）來殺嫂才能結束的故事，是另一層次的小說。

西鶴的《五人女》

井原西鶴出生於寬永十九年（一六四二），在大阪長大，自幼愛好文學，親近「假名草紙」（和文小說）、古文、俗謠等。十三歲入西山宗因之門，學習「談林風」之俳諧，日夜為作俳句而苦思，曾有傳說，說他在住吉社頭，一日吟句二萬三千句。他的俳諧不因習傳統，而將遊女、揚屋（歡樂場）、俳優，情殺等人事納入俳句之中。四十一歲時，其師宗因去世，他本不滿於吟風弄月的生涯，當即放棄俳諧，而專寫「浮世草紙」（社會小說）。處女作《好色一代男》出版後洛陽紙貴，他接二連三寫「二代」、「三代」及《一代女》、《五人女》等等和《近代豔隱者》、《本朝二十四孝》，奠定了作為小說家的基礎。但他這些作品，內容頗涉入狎妓、冶遊之細節，屢遭查禁，乃改變路線，多寫商場貿易之算計及辛勞，其中有「胸算用」（精打細算）最為傑出。歿於元祿六年（一六九三）享年僅五十一歲，他寫遊女等小說以《一代女》及《五人女》流傳最廣。

《五人女》

「五人女」是五部短篇小說的合輯，這五部為：〈阿夏及清十郎〉、〈樽屋阿仙〉、〈阿三及茂右衛門〉、〈阿七及吉三〉以及〈阿萬及源五兵衛〉；這五篇中一般認為第三及第四部最有可看性。

〈阿三及茂右衛門〉的女主角阿三是一個美女，她從十三、四歲時，就能站在京都四條河原上，吸引眾人的目光，其豔麗不知讓多少人羨慕不已。有京都的大經師十分傾心，央媒作伐，得以娶阿三為妻，婚後相敬如賓，生活圓滿。但不久，大經師（按：以寫經、裱書為業者）因事須赴江户，臨行頗感躊躇，特商請阿三娘家派一個忠厚老實的管家前來照顧家中諸事。這位管家名茂右衛門，誠懇樸訥，平生從未接觸過女人，但他來阿三家不久，家裡有一女僕名琳子竟愛上了他。茂右衛門見琳子說話殷勤，以為是一般禮貌，也未在意，只是冷冷相應，琳子無法接近，轉向一男僕商量，但男僕反譏笑琳子自作多情。

阿三聞知琳子有這種事，憐其痴情，允為代其寫情書，茂右衛門從琳子手中接過一封信，展讀之餘，大為「驚嘆」女傭之流竟有如此文筆，心中漸萌情意，就寫回信給琳子。琳子原不識字，拿了回信也只能再請阿三代為解讀，阿三解讀之後也就再代寫覆信，如此幾度往返，茂右衛門在信中約琳子「五月十四夜到女傭房相會」。女傭們知道有這封信後，就圍著琳子出主意，她們認為茂右衛門開始時很驕傲，如今想幽會了，一定得好好捉弄他，於是訂下計策，要阿三當夜去睡在琳子房間，等茂右衛門來了好訓他一頓。當夜大家依計而行，阿三換上傭人衣服睡在琳子房間，其他的女傭人都圍著等看熱鬧；豈知茂右衛門到了晚上，突然怯場，想來想去，一直拖到天快亮才來到女傭房，此時阿三已因疲勞熟睡，周圍的女傭也都睡倒；天亮時阿三醒來，發覺已經失身大聲叫喊，眾人都驚醒，但事已不可挽回！

阿三曾決心到湖中自殺，但茂右衛門不肯自殺，極力主張相偕私奔，但私奔的生活很快為人發覺，最後兩人都受法律制裁而死……。就情節而言，這是一個因惡作劇發生錯誤而釀生的悲劇，不過因為惡作劇的「輕佻」，而無法讓現代人認同這個結果有任何悲劇價值，是否如此，我們先看看〈阿七及吉三〉。

阿七及吉三

阿七是「八百屋」（賣菜的商人）的女兒，她父親在江户本鄉開設賣菜鋪，有一年歲末，當地發生大火災，她家也被燒毀，其父將女兒及女兒的母親送到吉祥寺暫住，寺裡住持見其狼狽，拿來幾件衣服什物，借給她們母女暫用。這些衣服中有一件縫製很講究，衣料結實，衣上還有「家紋」（世家的印記），一見就知原是世家公子的衣服，阿七穿上這件衣服，隱隱聞到衣服上殘餘的熏香，常常幻想這件衣服的主人必是一位高貴的美少年。

一日薄暮時分，母親正在念佛，忽見庭院裡有一貴公子，左手指被刺插到，正想用一把銀的鑷子將刺拔出，卻不得要領，母親見狀，叫他過來，接過鑷子要找刺，卻始終無法挾到。母親叫阿七過來命她試試，阿七接過鑷子，左手接觸到少年的手時，只覺滿臉都熱了，心悸加快，勉強握住他的手，將刺拔出，迅速走開，不敢正眼看那少年。

後來，阿七聽寺中的小和尚說，那少年果然是世家子弟，名小野吉三郎。從此日夜思念，苦無相見之機會，終於她下定決心，寫一封信託小和尚送給吉三郎，吉三郎也回信表達相思之意。一夜，風雨不停，住持卻接到米鋪來人，以主人病死，急需住持前往誦經並安排喪事，住持當即帶和尚立即前往，阿七靜待母親入睡，往叩吉三郎之房門，兩人相擁而泣。

母親頗疑阿七最近行動古怪，與其夫商量，其夫火災後本已開始重建新屋，迄是，新屋粗成，即叫阿七母女遷回自家，阿七從此，無法再與吉三郎相會。

一日，春寒，外面下著雪，有衣衫襤褸的年輕人挑著一擔青菜之類來阿七之家求售，他戴竹笠，掩覆面部，無法看清面容，但衣服單薄不斷發抖，阿七之父見而憐之，留他在倉庫裡過一夜。是夜，有親戚臨盆，阿七的父母相偕外出，阿七走近年輕人掀開其竹笠，那人果然是吉三郎，阿七叫女傭把冷得發抖的吉三郎扶到樓上房間，餵以熱湯，休息一夜。翌晨，吉三郎告辭離去，阿七眼見他走出風雪中的道路，心痛欲絕。她日夜思索如何能再見到吉三郎，忽然靈機一動，想起當年見到吉三郎是因為住家火燒，搬到吉祥寺去住。於是暗中準備油布，天黑之夜，放火燒屋，火警很快熄滅，但役吏查出放火者為阿七，放火是重罪，十七歲的阿七收監後依法受刑而死。其臨終有辭世和歌：「可哀小名寄春風，身共落櫻歸塵土」。

現代人看以上兩篇小說，可能有不同的反應。就〈阿三及茂石衛門〉而言，那只是一個惡作劇發生了意外而已，謂之錯誤則可，不必成為悲劇，它，缺乏悲劇或死亡的「必然性」；大約，現代人看莎劇《羅密歐與茱麗葉》也有同樣的感覺吧。「錯誤」（error）在許多作家手中都變成喜劇，甚至鬧劇的題材，為何會變成悲劇，但在四百多年前的社會意識裡，錯誤本身就是悲劇；或者，不必成為悲劇而竟成為悲劇，是謂悲劇。就西鶴而言，他也是有意警告不必要的「惡作劇」的。

〈阿七與吉三〉是純粹的悲戀故事，發生悲戀，原因在男女雙方之不對稱，及不經由明媒正娶而發生戀愛，這些，在那年代都是「大逆不道」，或至少是父母所不能容的。類似的故事，在日本、中國、韓國、越南等地都很多，但重要的是作家要能把它寫得至情至聖，以愛情之堅貞而降低倫理習俗的相對價值。在那個年代或任何年代，作家要做到這個程度，是十分艱難的考驗，在「小說」的概念並未確立的當時的日本，西鶴算是敢寫、能寫的先驅，和他約略同時代的近松門左衛門，可以和他算是當時的雙璧而已。

大和撫子

不論歐美、中國、乃至亞洲其他國家的人士，有許多人頗為羨慕日本婦人的溫婉、柔情、體貼、有禮；這些人士並不見得特別喜歡日本男人，相反地，有很多人是不喜歡日本男人的。如果說，日本女人特別討人喜歡，而日本男人特別不討人喜歡，這話似乎又沒有什麼根據。是日本女人比男人特別傑出、出色嗎？同樣的文化為何會將兩性染成不同的色彩、姿態、意態？莫非，日本的男女性多半來自生活在不同的文化訴求之下，而形成了兩千多年來男女「有別」的後果？

自從人類社會，大部分由母系社會演變為父權社會以後，文化訴求一直都是由男人主張重視什麼價值，並規範生活的準則。這中間有些地區、民族、國家的女人在威權及愛護雙重統治下，屈服在男人規範的「婦德」之下，有的努力做一個好女子、好妻子，成為「女誡」的典範，乃至《列女傳》中的角色；有的則心不甘情不願，勉強在男人的統治下，生兒育女度過苟活的一生。但日本有一些女子卻憑其才識，走上了第三條路，成為女官，成為作家、詩人，其言語風度與氣概影響了許多女性見樣學樣，以修身、求學、學藝為手段，使自己在為人妻、人母之餘也學故事、吟詠和歌、談戀愛、寫情詩、彈琵琶、出入劇院、學茶道、學插花、訪寺院、論禪理、聚茶湯之會，品評男人之優劣，使男人聞之亦知所畏懼。日本史兩千年來出現的女帝、女王、紫式部、清少納言、和泉式部、北條政子，建禮門院以下，歌舞伎的阿國，漢詩傳情的細香，風魅京華的藝妓乃至多少詩人、小說家、俳詩人、及改變了時代的女政治家，就是在這樣的風尚中誕生的女子。其未成為詩人、名家、小說家而未出名的一些女子，有很多也修得一身見識、温婉、及源自自信的柔軟、體貼，成為有禮的女子，人稱「大和撫子」。「大和撫子」是日本温婉女性的通稱，「撫子」原是植物名，後來取日本母親慈愛撫育的女子之意，稱「大和撫子」，發音 yamato nadesiko，成為詩歌中歌頌日本女人的稱謂。

「女神」的成型

地球上有許多部族、酋長、民族、國族都以太陽神為其祖先，或最原始的神祇，日本人（或稱大和民族）在國史記載上也稱日神——「天照大神」為其原始祖先，但據若干日本史學家的研究，日本的原始部族曾奉生殖之神

——「御食津神」（mike tsu）為部族神。「天照大神」要等到「繩文」、「彌生」、「古墳」時代之後，「大和時代」開始才在《古事記》史事中出現，負責撰寫《古事記》的太安萬呂曾在序文中承認其曾將史料「削偽定實」，可能「御食津神」也在其「削偽」時被削掉了。

兩神之間有何不同？「御食津神」是生殖之神，在這樣部族中，女人受重視，只因她們會生孩子；但天照大神是完全不同的型像，她表情明朗，莊嚴而慈祥、端莊、美麗，而對不聽話的弟弟「須佐之男命」採取嚴峻的態度，走進「天之岩」內使世界失去光明，以懲罰胞弟之抗命。據古代史的學者說，天照大神是古希臘雅典城保護神「雅典娜」（希臘名「Athena」，拉丁名「Minerva」）的東方版。這位雅典娜女神是天帝「宙斯」從頭殼中生出來的，嚴肅端莊，出生時即全身盔甲，手持長矛，兼為戰爭之神又管轄學術、智慧、正義，及戰爭之技術。現存於雅典城中白色的神殿「Pathenon」，原意「少女之室」，即奉祀雅典娜之神殿。天照大神如果是取用了雅典娜的原型，那麼它將部分英武嚴厲的部分改掉，使其成為崇高端莊的女神。這個型像可能是天照大神形成之時代的日本淑女或才女的公約數，這型像對緊接著來的平安王朝的才女、女房、及女詩人，發生了很大的影響。她們努力寫了很多高貴、端莊、多情、溫婉、有禮的女子，寫著寫著自己也逐漸變成了那樣的女子，而所寫出來各種不同性情、感覺的女子，一旦成為「古典」，也影響了讀這些書的人亦步亦趨，以書中人物為楷模，努力塑造自己。「源氏名」就是這種努力的最顯著例子。

源氏名

紫式部以其才識及在宮中的歷練寫出來的《源氏物語》，曾是地球上最長的長篇小說，也是最早驚動了西方世界的東方文學作品。

紫式部在這部曠世之作中寫了些什麼？從規模上講，它分為五十四帖，每帖中有一個至數個重要女主角與男主角光源氏發生各種接觸或戀情，其情節各有不同，其結局也不一樣。這五十四帖有些帖與帖間情節相連，有些每帖似乎是獨立的短篇小說，每帖有帖名為標題，有的是人名，有的是地名，有的是和歌中之詞語，有的是遊戲名。五十四帖名及五十四帖內的人名，到了後世，有許多女藝人、茶道名人、優伶、藝妓、太夫取其中一名為筆名或藝名，通稱「源氏名」，以附庸風雅。名作影響之大到此固然已達極點，更別說這「源氏」中的女主角們性情各異，遭遇不同，有的情深，有的才高，有的貞淑，有的孤芳自賞，有的幸福，有的不幸，還有的見識超然於幸不幸之上，身分地位各自不同，但後人一旦取了一個「源氏名」即努力使自己在現實社會彰現那女主角的優點以為號召，以圖彰現自己，雖難免東施效顰之譏，但她煞有介事地做，予世人觀感，實是超越了效顰而顯得很正經。《源氏物語》中的女子，其戀愛大都不幸以終，但她們積極戀愛而終歸失敗時，面對無常的人生，學習失敗的意義，不論是自動或被迫，都以某種心情諦觀，或智慧有尊嚴地處理自己的人生。這些，加上書中各種女子詠嘆悲歡離合的和歌之傑出，迄今對日本女性仍有重要的影響，它事實上提升了一千多年來日本婦女的見識與思考能力。

比《源氏物語》，稍早出版的《枕草子》是一部超時代的犀利短文集，它比法國蒙田寫的《隨想錄》（*Essais*, 1580）早五百多年問世，在日本隨筆文學及文體中獨樹一幟。其所寫的隨筆，談春夏秋冬、談雲、雨、霧，談山、林、池、島，談鳥、魚、貓、植物、神佛、衣裳、天氣、可親的人、可厭的事……等等，每一個事情都談出道理或哲學或感覺或思想，而當時還只是西元一千年。作者清少納言感情纖細，思想緻密，能說很高貴的話，也能說很傷人的話，如：「粗鄙人的家裡，照樣有月光，有白雪降落，真是暴殄天物」，令人莞薾。

大約兩百年的平安王朝期間女性詩人、文人、作家，才人輩出，並不是偶然的。在安定的朝廷制度下，世族巨室想在仕途上出人頭地，除了自己要有能力人緣之外，必須想法將姊妹、女兒調教成才女、詩人，有教養、有學問，應對得體，氣質高貴，以便送進宮中擔任女房（女宮），幸運的話且可晉升為后、妃，最好的狀況是讓自己成為下一代天皇的外祖父。女子所以被允許或被鼓勵受教育，誦《史記》、《漢書》、《日本書紀》、《萬葉集》……成就一身學養，原因在此。而一旦女才人出現，等而下之的階級的女人亦覺「有志者亦若是」，紛紛效尤，這毋寧是一個好的現象，「源氏名」就是這個現象一個好例子。

朝廷政治的傳統在西元一一二〇年前後為幕府所取代，幕府的形成以武士為中心。武士是軍人，本來不諳詩文，尤其看不起女性，社會風氣及女性命運，在此後有所改變，是以後的事。

武士的妻女與市井女人

西元一一二〇年前後，日本京都平安王朝的「攝關」政治（攝為攝政大臣，關為關白，是大臣中的班首，攝關政治即朝廷政治）受迫於源賴朝組織的幕府，把實際權力交付幕府。「鎌倉幕府」，從此成為實際上的中央政府；鎌倉幕府執政約一百年餘，在蒙古艦隊來攻後暴露內部弱點，於一三三三年覆亡。但天皇親政不久，室町幕府及江戶幕府繼起，一直到一八六七年，德川慶喜見大勢已去，親書「大政奉還」表，納還政權於朝廷，日本乃得在「明治維新」中開國貿易，建立制度成為現代國家。

平安王朝的政治，實際上是貴族政治，朝廷中做官的大都是世家貴族中人，他們把持朝政，有時也互相鬥爭，無事則與女官及貴族女子詩歌唱和，沉溺於戀愛。當時的風氣，講「雅」，而人要「雅」必須讀書，有學問，出口成章，下筆能做和歌。他們的戀愛，大多以和歌魚雁往來。戀愛在有水準的文藻中進行，謂之雅，以無品味的方式進行顯得很難看，謂之「野暮」（粗野），戀愛本身幾乎沒有是非而端看其進行方式是否優雅。在這樣風氣下，女子是享受某種程度的自由的，貴族女子固然因讀書識禮而尊貴，庶民女子也多免於束縛。

但到了幕府統治時代，權力落在上級及中級武士身上，而武士向來重武輕文，性格嚴謹，缺乏雅趣，其求於女子者，是中國宋、元以後「女嫁從夫」、「失節事大」的單線思維。當時流行一時的一本暢銷書《女大學》，演繹自中國曹大家的《女誡》及仁孝文皇后的《內訓》等書，言三從四德及「三從七法」，比《女誡》還更嚴酷。但這本《女大學》後來竟成為母親必須交給出嫁的女兒，帶過去朝夕閱讀的經典！

大部分嫁給武士（武士是比較體面的人家，因為他們是四民之首）的女人，就這樣自動、主動，或被迫服從丈夫，唯唯諾諾，過著《女大學》所規定的「修身、齊家」的生活。嫁的如果是低階的武士，收入既少，除了修身、齊家之外，也得勤儉、樸質，終日操勞，而不敢言功。另一方面，既為武士之妻、或女兒，婚嫁皆由家長安排，且須得家長的上司之許可。不論婚前或婚後，但有婚外之情，即使只是有了嫌疑，也得受「武家之法度」的制裁。在這方面「法度」只是社會習慣，並無法律可循，幾百年來冤枉而死的婦女不知凡幾。但江户幕府中期以後武士生活艱困，市井商人漸抬頭，不必誦讀《女大學》的市井的女人，因家中有錢也漸漸抬頭。

市井女人

日本的町人（商人）一向居四民之末，受人歧視，但幕府中期以後，武士階級普遍貧困，許多武士向町人借貸以維生。町人的勢力慢慢坐大，不管《女大學》，也不服三從七出的市井女人，開始開拓自己的人生。據幕府末期出版的《守貞漫稿》的紀錄，當時婦女可以從事的職業，計有五十多種：包括遊女、藝妓、巫女、養蠶、縫衣、梳髮師、組物師（按：架構紙門的技師）、紺搔（按：染布師）、造扇、製麵條、做豆腐、產婆、女醫、遊藝師……等等。有了職業之後，女人的發言權提高，圍繞在職業女人周圍的女人不時舉行「井户端會議」（按：在共用的井旁邊高談闊論），有時也形成一股抗男勢力。於是有時相偕出去，到「湯屋」（洗澡店）洗澡，也相率去學茶道、插花、彈三味線、出入劇院、上寺拜佛，有些程度的也去拜師學和歌、俳句，及各種藝能；其中，也有專攻一業、專心一事而成就事業，留名青史的。

出生於筑後（今福岡縣）的傳小姐是米店的女兒，她生於天明八年（一七八八）十二月，「傳」是她的名字，無姓，因為她的父親是商人，名源藏，本來無姓，店名「橋口屋」，在那時代店名往往就和姓一樣稱呼。當時的女子從小就學習織布，一日，她發現自己所穿黑色的工作服，因摩擦的緣故有多處變白了，她突然想到如果織布時使用一部分白絲摻在黑絲中，就可能織出黑底白花的布，增加美觀。她用心摸索織成了黑底白花的布，取名「雪降」，賣出後大獲好評，附近的織女紛紛前來求教，她也毫不藏私地將祕訣告訴她們，於是地區出產的「絣」布成為名產。「絣」是磨擦的意思，利用這個想法可以變化出許多種不同花樣的布，布的價值提高，也有人前來求婚。她於二十一歲時嫁古賀地方的井上次八，成為井上太太，陸續生了二男一女，但一直繼續從事織布。她在所生產的產品上標示「久留米原」古賀織屋阿傳產品賣品，也就是在商品上標示了娘家及夫家的地名。二十八歲時她因喪夫，移居娘家附近的通外町繼續經營。

狂歌度日亦風流

日本的和歌，以五七五七五七七共七句，四十三字為標準，俳句以五七七共十七字三句為標準形式；和歌善於詠情，俳句長於寸言說中人之心或物之狀，是世上少有的短詩形式。有人利用和歌的形式，但不言「正經事」，說些歪理、詼諧的話，則稱為「狂歌」；利用俳句的形式，但盡說風涼話或消遣別人的話則稱之為「川柳」。狂歌和川柳是戲謔之言，一般不認為是文學。

市井的女人，學問不多，才情有限，但聰明而口才伶俐者就能作狂歌或川柳以娛樂自己，嘲笑世態。

譬如：「情夫今夜來，先到當鋪當銀釵。」可憐的女人自嘲，要先到當鋪籌錢，才能款待情夫。又：「袖袂遮不了，那大腹便便。」嘲笑和男人玩過頭肚子大了的婊子。有名智惠內子者，機智好強，奚落她丈夫：「若非妻子太能幹，怎她一出門你就焦頭爛額？」、「揮動小袖裝得意，袖裡面都是補爛。」與內子稱狂歌雙璧的「節松嫁嫁」（藝名），其夫常到金粉地吉原去玩，玩到白天黑夜都不回家，她做了一首狂歌：「家裡讓它變成荒野長野花，花未凋前勿回來。」

德川幕府時代，為獎勵「武士道」，常特許枉死者的子弟為父兄報仇；報仇在日語中曰「仇討」，一般都在武士之間發生，且由男人去找男人的仇家報仇；但也有例外地由市井女人出面向武士報仇的。

有仙台藩劍術指導田邊志摩為細故手刃農夫四郎左衛門，四郎有兩女，長女名宮城野，次女名信夫，當時才十一歲及七歲，投靠仙台城下另一劍術指導瀧本傳八郎家做女傭。後來傳八郎發覺兩姊妹偷偷學劍術，詢問之下得知兩女有血海深仇，乃親自指導劍法且替兩姊妹申請報仇許可，終使姊妹得報不共戴天之仇。這事曾轟動一時，後來經歌舞伎、淨琉璃（戲曲）等改編演出，這戲碼流傳至今。

此外有烈女阿初為女主人報仇、小萬為父報仇等事蹟，在在使人感嘆女子並非弱者，市井女人至此也算是揚眉吐氣了。

元祿四俳女

自西元四世紀到現代的一千六百多年日本文化史上，日本一直有一種全國遵行的詩歌形式，叫做「和歌」。「和歌」原是「唱和之歌」的意思，後來漸有不相唱和而一人獨吟胸懷的歌出現，久之，「和歌」漸被解為「大和之歌」，也即日本特有的詩歌形式之意了。在日本歷史上代代有傑出的和歌創作者，蔚為盛況，也留下了《萬葉集》以下數以百計的和歌集。這中間，有人只取和歌句式「五七五七七」音的前半「五七五」而成句詩，做些輕鬆幽默，詼諧的遊戲文字，名為「俳句」，如「談林派」中人。到正保年間（一六四四）有松尾芭蕉者出，力倡以古拙之語言，呈現靜寂蒼古之境界，為「俳句」確定了其高古之風格，自此俳句成為日本「和歌」以外另一種短歌的形式。芭蕉之後有與謝蕪村、小林一茶、正岡子規等詩人繼起，這是很多人都知道的事情。但有無像和歌史上的女詩人一樣，也有在俳句史上成名的女子？寫俳句的出色女子其實也不少，只是她們做人低調，在亦師亦友的男俳人旁邊較被忽略，譬如元祿年間就有好幾位傑出的女詩人都留下很好的俳句。

元祿四俳女

俳人正岡子規在其著作《獺祭書屋俳話》（明治二十五年版）中曾有一文《元祿四俳女》，其所舉四個女子為捨女、智月、園女、秋色。子規以花為類比，談這四位女子，他說：「元祿年間，遊於俳句中的婦女當以捨女、智月、園女、秋色為四傑。捨女如鳶尾花（燕子花），美貌之中亦有氣勢；智月尼如蓮花，清淨潔白，不染塵，觀其色不覺得是塵世之花；秋色如瞿麥花，在微風中搖動，自然，自得，自適，恬淡；園女如紫陽花，姿勢強健，心地溫良，如俳諧之有虛有實，如花風情，日夜不失其趣。就俳句創作而言，園女最佳，見識為男子所難及，寫作不失婦女姿勢，誠難得之女傑也。」一日本人自《源氏物語》以來，愛將女子比喻為花，子規亦不例外。

捨女（一六三四～一六九九）出生於丹波國（兵庫縣），父親是武士，其母生了她一年後就去世，父親後來就任織田家空出來領地之「代官」（按：幕府派任之官員），可見是官宦家庭。其父名季繁後來續弦，這位繼室帶來了一個和前夫生的兒子季成，要求季繁將女兒嫁給兒子，於是捨女於十八歲時嫁給二十七歲的季成。這位季成專攻儒學，頗有識見，於季繁去世後襲位為代官，夫婦和順，常共吟詠和歌俳句。

寬文六年（一六六六）貞門出版十九俳人的作品。捨女也有三十六句入選《獨吟集》，這三十六句全是戀詩，巧妙訴述戀情之作，時捨女三十三歲，已為四男一女之母。她曾與芭蕉一樣拜季吟為師，但始終與芭蕉緣慳一面，同僚曾吟俳句：「玉露如珠光，奈何棄置柏原鄉。」意思是婉惜她的才華。

一六七四年，其夫季成去世，對捨女而言有如從斷崖上跌落深淵，她吟了多首「悼丈夫季成」俳句及和歌，如：「秋夜醒來夢中寒，秋風不像從前風。」不久她「落飾」（落髮）為尼，為盤珪禪師之弟子，庵居於播州網干之龍門寺，稱「不徹庵」，自行訂定規矩十五條，過寂寞的生活。一六九八年在三十名尼眾的送行中辭世，享年六十五歲。

奇女子園女及智月

園女（一六六四～一七二六）是奉祀日本開國女神「天照大御神」的伊勢神宮的神官秦師貞的女兒，她自幼常有奇行奇言，長大後嫁當地醫師斯波一有。元祿五年（一六九二）隨夫遷居大阪，在日記中寫：「離開神殿古都，來到此地，迎接不同的春天……。」還附俳句一首曰：「淪為難波女不知從何問起。」（按：難波為大阪之舊名）大阪是商業都市，她從神殿古都來此，大概有些失落吧。

元祿十六年她喪夫，於一七〇五年到江戶依附俳人其角，另一方面也行醫為人治眼疾，也指導後進學俳句，六十三歲而亡。俳人正岡子規曾批評她：「缺乏婦女之婉柔謙遜。」但她在〈答雲虎和尚〉中說：「我只是柳綠花紅直敘其事為歌而已，若謂這是無益的口業，那麼一切經文皆屬無益之口業。死後上極樂或墮地獄也都不必計較，一切法皆彼岸之事吧……」。

智月（一六三二～一七〇六）出生於京都宇佐地方，年輕時曾在宮中侍候女官，後來嫁傳馬役河合家，因無子納胞弟乙州為養子。但丈夫不久後去世，智月出家為尼，號「智月尼」，悼夫之俳句有「寒風沁身告別日」、「秋鳩聲，以為只他知寂寞」。亡夫第七年忌日有幾位尼姑前來共祭，智月為文：「來者皆同道。與我一樣像稻草人那般寂寞的人……。」

俳聖芭蕉曾於元祿二年歲末到大津來訪問智月，兩人曾作聯歌（一人吟上句，一人吟下句，合成一首和歌），芭蕉吟：「雪中懇談少將尼」，智月接句：「君是真砂，此地吹枯葉」。少將是另一位芭蕉很欣賞的尼姑，她因曾吟一首和歌：「飛鳥儘鳴叫，不知我聞音多辛悲」，而得名「音之少將」。芭蕉與智月見面時恭維智月像少將一樣清秀，智月接句恭維少將是真的砂，而自己只是飛塵而已。

芭蕉告辭回上野，智月煮菜備酒打包讓使者尾追去送給芭蕉，芭蕉託謝函帶回去，智月閱信見信中意思纏綿，為之泣下。五年後，芭蕉去世，智月親縫壽衣為之送終。

多情秋色

秋色（一六六九～一七二五）原名阿秋，出生於江户小網町一家賣糖果的老鋪，嫁大目寒玉，而夫婦都拜其角為師。寒玉原做舊衣買賣，後來改行開麵店，其師其角就常常來到麵店和秋色及寒玉聊天喝酒，然後吃了麵才回去。其角在這麵店不但吃麵喝酒，且與寒玉夫婦，有時面對諸多弟子，肆無忌憚地說瘋話，並披露其生平曾到過的風月場所，可能也使寒玉夫婦甚感為難，只好勸老師節制飲酒，適可而止，但其角常常是喝到酩酊大醉，醉倒了才作罷。為此，秋色吟悼念其角的俳句：「今日不勸惡酒癖，只在靈前供鮮花。」

其角於寶永四年（一七〇七）去世，時為二月二十三日亥時，他與青流互連俳句，吟到「漸漸睡意重……」而逝。遺著《類柑子》有秋色的連名，其中提到秋色其人，曰：「秋色雖是女子，但負笈甚久，是有心人。忌日，祥日常張羅忙碌。」秋色是由心底敬愛其角，悼師俳句有「日日合掌供百合」句，令人惻然。

秋色於享保十年（一七二五）四月去世，享壽五十七歲，辭世之句為：「長夢醒來見，燕子花。」

江戶時代的日本文學，一般說來沒有平安朝的優美、高雅、高邁、渾厚，但出現了近松等人的戲劇，西鶴等的女性悲劇故事，及芭蕉、蕪村、其角等的俳句，呈現了接近近代的模樣。幾位女俳人也在為人母、人妻，辛勤工作中，吟出了撼動人心的俳句；有些作品，後來匯流到「文明開花」的明治時代，而在西歐文化思想濡染中，為與謝野晶子、若山牧水、石川啄木、北原白秋、夏目漱石、芥川龍之介等才人繼承下去。

亂世英雌

——篤姬

年度大戲

日本NHK每年都在每禮拜日晚八時（臺灣時間七時）播一齣古裝劇約五十集，大部分以日本歷史上真正存在過的人物、事件及時代為內容。最近幾年播過的包括《風林火山》及織田信長、豐臣秀吉、德川家康等人物寫照。二〇〇九年播了以女性為主角的《篤姬》，二〇一〇年繼承篤姬的時代，播出《龍馬傳》，這齣劇在年底以明治維新做結束。

ＮＨＫ，是日本國營電視及廣播電臺，全名為「日本放送協會」，採獨立經營方式，不播商業廣告，向收視户收取收視費，有部分政府的補助。其經費比民營電臺充裕，年度大戲，精益求精，不但做得有聲有色，且慎選題材，細心考據，不但所有房屋、器皿、車馬皆經考據，連風俗習慣、語言都經學者指點。譬如「大阪」這都市，今日發音是「Oh-sa-ka」，但江户幕府時代唸「Oh-za-ka」，劇中就一定唸古音；現代語從前所沒有的，一定不會在古裝戲臺詞中出現等，其製作之精緻，只英國ＢＢＣ及德國國營電臺差可比擬。《篤姬》，是NHK第一部以歷史上實存的女人為主角，並以其名為劇名的電視劇，到底篤姬有什麼特別之處？

篤姬幼年

篤姬，出生於日本天保七年（一八三六）二月十九日，乳名叫「於一」，她的父親名「島津忠剛」，母名「阿幸」，有兄長三人，分別是「忠冬」、「久敬」、及「峰之助」。父忠剛是從九州薩摩藩分出來的第十二代孫，是祿位只有一萬一千石的小諸侯，相較之下，薩摩藩的當時藩主島津齊彬，享祿七十七萬石，是日本三百諸侯中的第二大諸侯，僅次於享祿一百萬石的加賀藩主。是以忠剛與齊彬間往來，名雖親屬，實如主從，小心謹慎的忠剛，見面時只能唯唯諾諾。

齊彬以賢名聞於內外，當時的諸侯如松平春嶽曾極口稱讚齊彬是「治世（太平）以來不多見的英主」，西鄉隆盛也說：「他的賢明，非可一言道盡。」他就任為薩摩藩主以來，為了就近能與大將軍見面，一直住在江户的邸宅，不曾回到自己領地。嘉永四年（一八五一）二月，齊彬繞道東海道探訪好友之後，決定回家一趟，當時篤姬學名敬子，十六歲。

齊彬回國後，決定和島津家祖先以來分出的堂兄弟們，共二十一家的家人會面。篤姬之父忠剛得知要與領主見面，第一個擔心的是：女兒敬子長得美麗，萬一被領主看上，要收為妾媵，如何是好，妾雖然說是姨太太，但在嫡妻前如同婢女，他決不願敬子去做任何人的妾，但他又沒把握能拒絕齊彬。家人會面的日子前，忠剛有好幾晚，夜裡都沒睡好，他一再和阿幸談這件事，阿幸說只好聽天由命。會面之日全家一齊行了禮之後，齊彬和所有人不論大人或小孩，輪流一對一見面，大多是禮貌地寒喧一句就過去了。

輪到篤姬時，篤姬小心膝行而上寒喧了一句正想退下，齊彬說：「過來一點！」篤姬又膝行接近一些，齊彬問：「妳讀過書嗎？」「是，我很愛讀書。」「都讀哪些書？」「《白氏文集》及《和歌集》等……」「還有什麼書？」「史書。」「什麼！史書？」「是，讀《日本外史》」「賴山陽著的《日本外史》嗎？」「是！」「好個女子！竟能讀漢文！」「回領主話，並沒讀完，因講解的師傅病了，所以只讀了十五卷。」「很好，剩下的七卷書我送給你，希望你在下次見面前讀完！」「謝謝領主！」這是篤姬一生最大膽的對答。忠剛見女兒與領主說了那麼多話，更加緊張，但後來事隔一個多月，領主那邊也沒送《日本外史》的卷册過來，也沒什麼消息。敬子以為領主那送書的話是隨便說的，心中頗感失望，忠剛則慢慢放下了心。

兩個多月後，齊彬突然派了使者來叫忠剛過去和他單獨見面，忠剛緊張萬分前往，不期領主卻提出希望收敬子為義女。忠剛大喜，回來和妻子說：「這一下敬子的前途大大有希望了，將來有可能嫁給諸侯國的藩主或其嫡嗣，也有可能嫁給京都的公卿……。」

但齊彬心中其實打著另一個主意：兩百多年來獨攬大權的幕府將軍，早就實際權位凌駕天皇，為此歷代將軍娶誰做「御台所」（嫡妻），一向是各諸侯國及左右權臣勾心鬥角的焦點；齊彬既為大諸侯國的藩主，當然也想找一個容貌端莊美麗的女子當做自己的女兒，設法將其嫁給幕府將軍，則自己在外有武力，在幕府內有內應，將可成為舉足輕重的人，可以做很多事情。

麻雀鳳凰

齊彬真把敬子認為義女，並準備將其送往江户邸宅，以便教習大將軍後宮禮節談吐，伺機而動。教習禮儀的女官幾島來接已改名為篤姬的敬子，翌日坐轎子出發，薩摩藩群臣及篤姬的父母都在路旁跪地恭送，母親叫「姬樣」（公主）而不名，以極謙卑的言語祝她健康愉快，篤姬見狀，才覺得父母兄長都變成遥遠的人了！泫然欲泣但也不敢哭，深怕失態。

來到江户邸，第一件大事是要和「英姬」見面，英姬是前大將軍的女兒，送給一橋藩主為義女，而後嫁給齊彬的；篤姬一路想像和這位義母見面要說些什麼話，自己孤伶一身是否能在這位義母身上找到慈愛……。

終於見面了，出乎意外地，義母前面隔著一張竹簾，母女見面需隔簾而見嗎？篤姬有些疑惑。只聽英姬說：「是篤姬嗎？抬起頭來！」，篤姬將準備好的話說了一遍：「小女是島津忠剛之女，此次承太守閣下抬愛，收為養女，今日得見慈顏，甚感光榮，望以後多賜教誨。」良久沒有聲音後只聽對方說：「以後多聽小島指導就好了……。」就此英姬已站了起來慢慢走出去。

篤姬沒有想到首次「母女」見面竟是如此冷淡，半晌說不出話來，小島及幾島湊過來好歹勸慰，說：「今日是形式上的見面，改天再見，情形當會不同，等等……。」但篤姬只覺得這位母親並不喜歡，也不稀罕她這個養女！

英姬原是將軍之女，經一橋藩收養，嫁了齊彬，本來美麗能幹，後來患痘瘡，醫治無效，面上留下痘斑，從此深居簡出，不喜見人。這一段是篤姬以後才聽說的。

齊彬一直計畫把養女篤姬嫁給現任幕府將軍德川家定，但眼前尚有一個阻礙未能排除。原來權傾後宮的女執事名「姉小路」者，也一直計畫著要說服皇族郡主線姬嫁給家定，而其背後也有好幾個大藩藩主支持她的計畫。但最近幕府裡爆發出一樁醜聞，就是上任將軍家慶的喪禮決定在增上寺辦，牽涉了姉小路拿了增上寺的賄賂。姉小路的辭職對齊彬而言是好消息，他覺得時機有利於送篤姬進江户城與家定舉行婚禮。

懦弱的丈夫

在兩百多年中傳了十五代的德川幕府，德川家定是一個可憐的將軍；他身體不好，不耐久坐，腦部也有些毛病，常常對屬下說些不得體或輕率的話，讓人笑話。他曾經娶過兩個嫡妻，第一位是皇族出身，夫婦恩愛了七年之後死去；第二位貌醜陋而不為家定所愛，婚後一年半便死亡，死因不明，傳說是家定叫人將之刺死的。他娶兩任妻子都未生子，大家都相信他是「無能」生子的，這些事，篤姬都不知道，也無人告訴她。在那個年代貴族家庭裡的人，人人都有心腹，人人都透過交際建立情報網，但篤姬迄今連一個可以說悄悄話的丫頭都没有。

齊彬原以為篤姬進將軍府的事已十拿九穩，一日與水户藩藩主見面也當面請水户齊昭「多多支持」，獲得水户侯的首肯。但數日後，卻意外地聽到消息，說水户侯曾與屬下說了一句話：「島津侯將女兒送入將軍府，將來成為將軍岳父，可以為所欲為了！」齊彬聽到這消息，十分緊張，叩問與水户侯親近的人。據此人回答：「水户侯等人一向支持一橋慶喜繼承現任家定之位，大人若能明確告訴水户侯，願同心協力推舉一橋為下任將軍，應可解除水户侯的疑慮……。」齊彬為此走訪水户，當面表明支持一橋的意思，得到了水户的諒解。看來這事應不會再有意外了，齊彬當然也再三交代篤姬，入府後要運用對將軍的影響，推薦一橋，並反對紀州慶福入嗣，這件事後來成為篤姬終生的負擔。

篤姬終於嫁入將軍府了，此時將軍家定無嫡妻，只有一妾「阿西嘉」；阿西嘉目前已三十三歲，違反妻妾三十歲以上就得自行辭卻陪寢的慣例，到現在還常常糾纏將軍。

篤姬「入內」後，家定以他一向排拒不熟的人的習慣，對篤姬甚為冷淡。後來有幾次和女官發脾氣時，篤姬在旁替他訓誡了女官，家定見篤姬訓人時語言明白，態度尊嚴，覺得此婦以後可以替他擋掉無謂煩惱，開始對她有好感。數日後，家定首次到篤姬寢室共寢，但以自嘲的態度告訴篤姬，「我是不會生孩子的，你別指望……」等等。篤姬此時已知家定的毛病，温婉相對，告訴將軍身體重要，生不生孩子並不重要，家定認為篤姬見識和別的婦女不同，大為讚賞。從此家定數日就來共寢，兩人並排安眠，睡前也常常說說話，但家定常常說話說到高興時突然望望鄰室，就此打住睡覺了。

夫婦情深

原來將軍與妻妾共寢，有一個規定，鄰室必有兩個女官，徹夜不眠，聽將軍與妻妾的對話，這是為了防止妻妾趁共寢之時，向將軍索求其父兄官職的升遷，或說那個女官的壞話。家定不敢廢止這個規定，但很在意鄰室監聽者的存在，所以常常不敢暢所欲言，甚至不敢談情說愛。

篤姬將此事告訴幾島，幾島又找瀧山（將軍侍女）商量，決定改變規定，以後嫡妻陪寢時不安排「御伽」（按：鄰室監聽者）。

結束幕府

家定無子嗣，其繼承人到底是一橋慶喜或紀州慶福一直未定，篤姬出嫁前受養父齊彬密囑，務要推薦一橋，但見過兩人之後，自覺慶福較忠厚可靠。此時日本受列強要求開港貿易的壓力，國內輿情譁然，長州藩公開反對幕府。家定不久病死，由慶福繼任幕府將軍，篤姬依傳統成為慶福（此後改名為家茂）的母親。家茂身體亦不好，為「尊王攘夷」之密命未能順利實行，屢受朝廷之譴責，此時薩摩及長州兩藩，擅自砲擊美艦，又公然表態叫幕府「還政於天皇」。家茂為此再三赴京都與朝廷溝通，不久死在京都，時為一八六六年，家茂只二十歲。一橋匆忙繼承將軍職，他早已看出德川幕府已失去內外的信任，在長州、薩摩西藩志士的圍攻下，不願再苟延下去，於一八六七年奉上「大政奉還」表於天皇，結束了日本兩百六十餘年的幕府政權。此時正是《龍馬傳》（已在ＮＨＫ頻道播出）中的龍馬在海上建立日本海軍，準備與幕府軍一決勝負之時。一橋送出還政表時，事實上薩摩藩的重臣西鄉隆盛已率朝廷軍隊，準備圍攻江户城，城内震動，人心浮動。篤姬主持大局，親草密書派人持交西鄉，勸他得饒人處且饒人，西鄉曾受篤姬親父之恩，見書慨然允諾，按兵不動。篤姬故鄉晚輩送書表示願奉篤姬回家安度餘年，篤姬婉謝，即日落髮為尼，移住京都附近尼庵，臨行時江户城幾島以下數百宮女皆灑淚送行，江戶城於三日後「無血開城」（按：沒有戰爭流血而和平移交）。日本從此在「明治天皇」的統治下，實行「明治維新」，吸收西洋文明，走上現代化的道路。

篤姬，在她出生的年代，所處的社會裡，發揮了一個才女所能發揮的最大的能量，貢獻社會，貢獻國家，最後完成了自己的人生，是一位近乎完全的日本女性。

反戰詩與豔歌

——千年一見的女詩人

日本的明治維新，開始時以政治革新的氣勢雷厲風行，但隨著機器文明及西洋思想的輸入，演變成文化潮流，甚亦沉澱成文學及創作意識的近代化與個人化。明治二、三十年（一八九〇年代）後，托爾斯泰、雨果、拜倫、歌德等的譯作大量流入日本；日本的文化人開始質疑「皇國神聖」、「天皇至上」的教條，而有個人主義、思想自由的想法。

第一首質疑天皇的詩作

一八九四年，日本為朝鮮支配權與清開戰，社會上已有人抗議開戰之不當。一九〇四年，日本又大舉外債投入龐大資金向俄國宣戰，為了旅順圍城戰不順利，強行徵召敢死隊從軍，當時以和歌集《亂髮》風靡全國的女詩人與謝野晶子之胞弟也被徵調參加旅順圍攻戰。女詩人大為不滿，作了一首反戰的近體詩在媒體上發表。詩曰：

啊，弟弟，我為你哭，你絕不可死。生為末生兒，父母深疼愛，從未曾教你，握刀去殺人。養你二十四歲，不為教殺人。
堺港舊城市，吾家誇老鋪，你當繼祖業，慎勿輕生死。旅順城將陷，
不陷又如何，我家世經商，不豫征戰事。
你絕不可死，天皇居九重，征戰不親臨，殺伐血成河，死淪畜生道，
猶以死為榮，聖心稱仁慈，為何忍坐視？
啊，吾弟你在戰場，慎勿輕生死。爹爹去秋逝，寡母獨守家，子離家
蕭索，雖然稱聖代，頭上白髮增。
暖簾影下泣，弟媳日夜悲，你尚記憶否，新婚才十月，少女情何堪，
唯望再團圓，此外更何求，你慎不可死。

詩刊出，輿論譁然，有大町桂月者在明治三十七年十月號《太陽雜誌》上刊登評論，指女詩人為「亂臣賊子」，也有人從晶子家圍牆外擲石抗議。

這首詩不但反戰，而且是日本詩史上第一次有人作詩質疑：「天皇居九重，征戰不親臨」、「聖心稱仁慈，為何忍坐視」、「雖然稱聖代，頭上白髮增」、這些，是對神聖的天皇的挑戰，而由當時二十六歲的女詩人為之。

難怪，直到今日，日本人推崇晶子為「東方的拜倫」、「近代的莎弗」（Sappho，古希臘女詩人）；真正的浪漫主義，在日本，是由晶子開啟的。

新女性晶子的浪漫

晶子，明治十一年（一八七八）十二月七日出生於大阪附近堺市，堺市是當時日本與朝鮮、中國等地貿易的港口，也是新文化的輸入口，晶子父名鳳宗七，是當地的糕餅商。她七歲入小學也上漢學塾，十二歲自修《源氏物語》及《古今和歌集》，二十三歲時成為「詩社」會員，認識了從東京來的詩人「與謝野鐵幹」。她與鐵幹的相識、戀愛、結婚期間所寫的和歌，大部分收錄在其和歌集《亂髮》中，這些情詩、歌頌人生的詩，在文學的意義上，比她的「反戰詩」還要驚天動地。因為，這些是在她以前沒人敢寫、敢想的詩，也是在她以前無人能寫得如此亮麗、淒豔的詩。且看她少女時代的自我謳歌：

長髮五尺，入水柔軟少女情，心思不告人。
少女二十歲，梳雲流出烏髮長，美如驕春。
去清水，走過祇園月下櫻，今宵逢人皆美麗。
似覺有人等，出見花畑一片月。
天意叫我懲男子，賜我長髮美肌膚。

這些和歌，有自戀意識，有膽敢歌頌自己的自負，語言多采，氣勢亮麗，有視覺的美。後來成為她丈夫的與謝野鐵幹，初見她時作歌：「未逢君時太淺慮，自為天地第一人。」而她對此也未謙遜，回歌曰：「蛾眉承讚美，但願歌詠濟當世。」

驚世駭俗的豔歌

日本的和歌自《萬葉集》以來有七百多年的傳統，人才輩出，蔚為日本文學史上最重要的詩歌形式，其所累積之表達模式、語言詞彙、情感意態極為豐富。「和歌」原意為「互相詠和之歌」，後來成為「大和」（日本）之歌，千年於茲。到了明治三〇年代，有一派詩人不說「和歌」而說「短歌」，其意要使和歌突破典雅優美之傳統，成為如西洋詩歌之有力呈現生活的文字，主張最力者為與謝野鐵幹。他創辦詩刊《明星》，號召青壯詩人如窪田空惠、高村光太郎、石川啄木、北原白秋、佐藤春夫等濟濟多士，首先把三十一個字音和歌從原來的兩行寫成三行或四行，創造新的詩語、說出大膽的思想，披露激越的感情，此時晶子也以「鳳晶子」之名在《明星雜誌》上發表和歌及新體詩。

明治三十三年（一九〇〇）與謝野鐵幹到大阪演講〈詩的理論〉，與當時二十三歲的晶子相識，晶子及另一女詩人山川登美子稱鐵幹為「老師」，陪「老師」旅遊京都。同年十一月，三人再度相偕旅行，一路上三人作和歌、互相唱和。登美子作歌：「星下不敢高聲說，百合白荻上有神。」以「神」喻鐵幹，以百合喻自己，以白荻喻晶子，三人之間很快發展出情愫。但登美子已有未婚夫，最後只好「紅花悄悄讓與君，背後飲泣摘忘草」，從此晶子、鐵幹走入不顧前後的戀情。這時期的歌作有：

不言道，不思後，不問名，我戀，戀我，今日見君。
春苦短，不滅之命何在，乳在此，手來握。
容我叫師父，紅脣羞啟齒，不敢稱朋友。
柔軟肌膚未曾觸，君不寂寞耶盡說理？
我心戀君直高揚，親也渺小，道也渺小。

近代日本文學及和歌理論之權威佐佐木信綱，曾批評這些歌為：「娼妓夜鶯之口吻，亂倫勸淫之言也。」連當時在東京大學任教的晶子胞兄也寫信請其父，「務請勸戒胞妹之任性」。但二戰以後的日本文學史家皆稱讚晶子為：「和泉式部以來千年不一見之天才詩人，比西方之拜倫、濟慈等猶有過之……。」識者咸認為晶子大膽表白真實的感覺，將現實作現實以上的誇張，創造了現實以上的詩之夢、詩之浪漫，是浪漫主義的極致……云云。

晶子嫁與謝野鐵幹後，生五男六女，在家為賢妻良母，對外成天才詩人，而她除了寫反戰詩之外，對社會、人事、人性也有犀利觀察。其批評祖國日本的近體詩〈或國〉（一個國）曰：

僵硬而表面上喜歡講義氣之國，
輕佻而楊花水性之國，
無支那人之耐性，淺薄而自私之國，
無美國之富而愛美國化之國，
凡事既不懷疑也不感動之國，
男人都彎腰成為宿命論者之國，
天真，鄉愿，萬萬歲之國。

今日，許多日本人都覺得這首幾十年前寫的詩，說的好像是今日的日本：是的，「預言者是詩人的同義辭」（按：塞內加，古羅馬哲學家云）。晶子出生於明治十一年，歿於昭和十七年，享年六十四歲，跨越近代日本三個朝代。比她晚五年出生的詩人高村光太郎在其近體詩〈弔與謝野夫人晶子先生〉中說：

夫人來世間

日本有新歌
歌聲徹寰宇
高雅、厚重、馨氣遠
……

這詩代表昭和以後，日本人充分瞭解了她的詩。

日本女性的滄桑

日本女性，以嫵媚、柔和、優雅的行止，溫婉的談吐、及熟知自己做一個女人的角色、責任，應該做什麼及不應該做什麼而聞名世界；娶日本妻子，曾經與吃中國菜及住西洋房並列為人生三大享受。

日本女性中有許多優雅、溫婉的氣質，是經過漫長的磨練及教養的，這些磨練及教養，歷代有所不同。可分為幾個時期來回顧：第一時期是神話建國的時期；第二時期是平安王朝時期；第三是幕府統治時期；第四是明治維新以後敞開門户，納入西洋文化的文明開花時期。

建國時期

這時期包括西元前到西元後四百年的「繩文文化時期」、「彌生文化時期」、「古墳文化時期」；而自大和時期後依建都所在地而稱「大和時代」、「飛鳥時代」及「奈良時代」。

日本的建國除神話外，較可信的是中國的史書《三國志》中的《魏書・倭人傳》中有一段：「倭國亂，相攻伐，歷年乃共立一女子為王，名卑彌呼。

事鬼道，能惑眾，年已長無夫婿，自為王以來少有見者，以婢千人自侍。唯有男子一人給飲食，傳辭，出入居處……」建國伊始，為王者竟是女王，可能的解釋是那時代還是女系社會的時代。但後來還有神功皇后，她是第十四代皇帝的皇后，以「神諭」為藉口命丈夫帶兵出征，丈夫不願，她即自己率軍攻打朝鮮，因此死去。後世史學家懷疑日本開國女神天照大神、卑彌呼及神功皇后是「開國三巫女」；大家相信巫術的「古代」，巫女為王，尚可理解。但到了西元五百年後有欽明、敏達、推古、齊明、持統、元明、元正……等七、八個女人或自立或靠擁戴，而即位為帝，能幹的女人也太多了！許多人到日本觀光回來，說日本婦女都在家侍候丈夫，地位很低；錯了！日本自建國以來，大事業都由女帝完成。日本古代最大的一次政治及社會改革，就是女帝推古天皇支持她的侄兒聖德太子完成的！而其他登上帝位的女帝，都是經過極激烈的人事鬥爭與謀略的運用而即位的，看過這一百年的歷史，再回顧武則天的「厲害」，就令人覺得不過爾爾了。歷練真是會遺傳給子孫的，日本的女人就這樣，繼承這些前輩女帝，堅強地活下來。遙想當年，她們是活在女人自己作主的社會、倫理及意態中的。

在這些年代裡，持統女帝深沉而大度，於皇帝丈夫死後先「稱制」而不即位，慢慢培養聲望，終於即位而成為日本歷史上第一位完全專制的皇帝。額田女王遊走於皇帝與皇弟之間，毫不膽怯，吟出了上百首奔放熱情的和歌，豐富了歌集《萬葉集》。這些傑出的女強人，在在以她們的能力及豪情成為後世淑女的典範，今日的日本妻子含笑看著男子撒賴飲酒，因為她們自信，這些男人是造不了反的。西元七一二至七六五年期間，日本派第七次及第八次遣唐使到長安，唐詩正從六朝遺風蛻變成盛唐氣象，遣唐使帶回日本的漢字、漢文、佛教文化，迅速融入日本文化，平安王朝呼之欲出。

平安王朝

西元七九四年，桓武天皇遷都於今日的京都，以天皇為首，以攝政大臣或「關白」為首輔的政治體制完全成立。參與政治的大臣以下官吏，多年後形成貴族社會，如同中國的「晉代風流」一樣，他們的生活，在風雅的建築、優美的衣裳及高品味的談吐中，誕生了絢爛的詩歌文學，及大膽奔放的戀愛情調。自幼就有機會和兄弟們一起誦讀《史記》、《漢書》及唐詩的貴族女子，多數受聘為宮中的女官，不世出的女詩人及作家，如紫式部、清少納言、和泉式部、小野小町相繼出現，執詩歌之牛耳，大膽地與男詩人及高官們論風流、應酬和歌。這時代的才女，不出名則已，一出名都是流芳千古的天才，她們不但賣弄和文，也賣弄漢文、漢詩；這個賣弄漢詩的風氣，後來成為達官貴人的風尚，不但文官賣弄，武士、武官也賣弄，學者如賴山陽更以漢詩與女弟子訴情愛。後來的漢字與漢文，一部分始終維持其為漢文的形態，另一部分融入了和文（日文）中豐富了日本語言的表現形式及深度。開始做這種工夫的是女才子清少納言，她的同僚還曾罵她賣弄漢文，但後世認為她實在賣弄得很好。今日，如果讀者看夏目漱石等作家的作品，仔細看，有些文字雖是和文，但使用的語氣可以明白看出那是漢文口氣——當然是文言文的口氣。而日文的文言文，其實就是漢文讀成和音，日本有文言文以前的古文，但那古文，是現在日本大學生也不易看懂的。西元一一八五年，武士勢力抬頭，武士統領源賴朝在鎌倉成立幕府，結束了優雅的「攝關政治」，從此日本走入幕府統治時期。

幕府時期

所謂「幕府」，是一個武士的集團，他們在統領的領導下南征北討，最後成為諸侯中最強有力的諸侯，於是靠武力逼迫朝廷封統領為「征夷大將軍」，而實質上「代替」天皇統御全國。這做法比中國的朝代更迭客氣些，就是表面上仍奉天皇為最高領袖，以符合國民尊天皇如神的崇拜心理，事實上如果天皇「太不識相」而常有摩擦，將軍也常逼天皇讓位給太子或其他比較懦弱的皇子，甚至皇女，日本史上有些女帝就是這樣出現的。

幕府政權除了要求屬下武士絕對服從外，其道德說服來源是「武士道」精神，武士道聽來好像很炫，其實就是儒家的精神加上俠義的行為原則。幕府不但要求屬下服從，也要求屬下的家族妻女服從，較體面的武士要嫁女兒或娶媳婦，都需經上級認可。女性的自由到了這個時代被壓縮到只能對上級及丈夫唯命是從，以《女誡》及《列女傳》為範本而寫出來的《女大學》，成為這個時代的婦女經典。這個《女大學》的理論基礎是勸婦女自律、服從、溫順謙卑，以示婦女是自願謙卑而非受壓迫才低頭，多數武士的妻女都接受了這樣的「宿命」。少數不低頭者如細川夫人，活了寂寞孤單的一生最後自殺而亡，這時代的市井婦女，反而有相當程度的自由。

明治時期

明治維新推翻了幕府專制，推翻的不只是幕府，而是維持幕府體系的那套「道德專制」，這裡面包括瓦解了對婦女的某些束縛，只留下「天皇神聖」的神話，及不可批評政府的禁忌。迫不及待的詩人與謝野晶子，寫詩批評日俄戰爭的正當性，投下了婦女思想解放的第一彈。其未被迫害，表示當時的日本政府及朝野已經有一些有識之士，而令人欣慰的是，這些有識之士不全然是男人。日本從這個世代開始，「女作家」已不再只是做和歌、吟詠風月、傾訴情愛的詩人，而是濟濟多「女」已警覺到國家社會及文化的興衰。「匹女有責」，她們，凝視人生，觀察社會及家庭的變遷，及變遷的軌跡、意義，寫出了與西方寫實主義文學等量齊觀的小說及評論。這些從事文學的女性，塑造新時代的文學，也因新文學而使自己成為新女性。

新萬有文庫

日本名女風華錄

作者◆謝鵬雄
發行人◆王學哲
總編輯◆方鵬程
主編◆葉幗英
責任編輯◆徐平
校對◆呂乃康
美術設計◆吳郁婷

出版發行：臺灣商務印書館股份有限公司
台北市重慶南路一段三十七號
電話：(02)2371-3712
讀者服務專線：0800056196
郵撥：0000165-1
網路書店：www.cptw.com.tw
E-mail：ecptw@cptw.com.tw
網址：www.cptw.com.tw

局版北市業字第 993 號
初版一刷：2011 年 5 月
定價：新台幣 320 元

ISBN 978-957-05-2595-3

日本名女風華錄 ／ 謝鵬雄著. --初版. -- 臺北
市：臺灣商務, 2011.05
面 ； 公分. --（新萬有文庫）
ISBN 978-957-05-2595-3（平裝）

1. 女性傳記 2.日本

783.12 100001373

讀者回函卡

感謝您對本館的支持，為加強對您的服務，請填妥此卡，免付郵資寄回，可隨時收到本館最新出版訊息，及享受各種優惠。

■ 姓名：＿＿＿＿＿＿＿＿＿＿＿＿ 性別：□ 男 □ 女

■ 出生日期：＿＿＿＿年＿＿＿＿月＿＿＿＿日

■ 職業：□學生 □公務(含軍警) □家管 □服務 □金融 □製造
□資訊 □大眾傳播 □自由業 □農漁牧 □退休 □其他

■ 學歷：□高中以下（含高中）□大專 □研究所（含以上）

■ 地址：
＿＿＿＿＿＿＿＿＿＿＿＿＿＿＿＿＿＿＿＿＿＿＿＿
＿＿＿＿＿＿＿＿＿＿＿＿＿＿＿＿＿＿＿＿＿＿＿＿

■ 電話：(H) ＿＿＿＿＿＿＿＿＿＿＿ (O) ＿＿＿＿＿＿＿＿＿

■ E-mail：＿＿＿＿＿＿＿＿＿＿＿＿＿＿＿＿＿＿＿＿＿

■ 購買書名：＿＿＿＿＿＿＿＿＿＿＿＿＿＿＿＿＿＿＿＿

■ 您從何處得知本書？

□網路 □DM廣告 □報紙廣告 □報紙專欄 □傳單
□書店 □親友介紹 □電視廣播 □雜誌廣告 □其他

■ 您喜歡閱讀哪一類別的書籍？

□哲學・宗教 □藝術・心靈 □人文・科普 □商業・投資
□社會・文化 □親子・學習 □生活・休閒 □醫學・養生
□文學・小說 □歷史・傳記

■ 您對本書的意見？（A/滿意 B/尚可 C/須改進）

內容 ＿＿＿＿＿ 編輯＿＿＿＿ 校對＿＿＿＿ 翻譯＿＿＿＿
封面設計＿＿＿＿ 價格＿＿＿＿ 其他＿＿＿＿＿＿＿＿

■ 您的建議：＿＿＿＿＿＿＿＿＿＿＿＿＿＿＿＿＿＿＿＿

＿＿＿＿＿＿＿＿＿＿＿＿＿＿＿＿＿＿＿＿＿＿＿＿＿＿

※ 歡迎您隨時至本館網路書店發表書評及留下任何意見

臺灣商務印書館 The Commercial Press, Ltd.

台北市100重慶南路一段三十七號 電話：(02)23115538
讀者服務專線：0800056196 傳真：(02)23710274
郵撥：0000165-1號 E-mail：ecptw@cptw.com.tw
網路書店網址：www.cptw.com.tw 部落格：http://blog.yam.com/ecptw

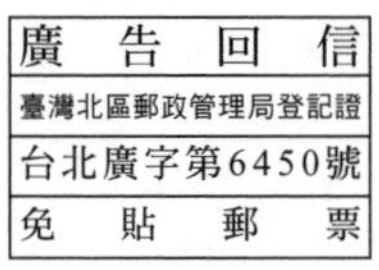

廣告回信
臺灣北區郵政管理局登記證
台北廣字第6450號
免貼郵票

100台北市重慶南路一段37號

臺灣商務印書館　收

對摺寄回，謝謝！

傳統現代　並翼而翔

Flying with the wings of tradtion and modernity.